# 赢辩

## 金融犯罪案件
## 辩护律师工作手记

张王宏 ◎ 著

中国法治出版社
CHINA LEGAL PUBLISHING HOUSE

U0681083

# 序言：打破窗格子看刑辩

真实的刑辩，不是枯燥地开庭会见、罗列法条、发表意见、约见法官……比这些更多的，我想在本书中，展示一个无比宽阔且真实的刑辩世界。

现实，就是最魔幻的真实，所以在这里，我不讲故事，只写心灵。

这里有：

一个二手车行的经营者。

一个失败的承兑汇票老板娘。

一个电商小老板。

一个私募基金的"副总"。

一个旅居国外多年的"中国人"。

一个在城市拆迁中受益的农民。

一个外贸公司的股东。

一个国企转行的小老板。

一个加盟店的经营者。

本书的主角，就是现实中每一个可能的你和我。在大庆、在七台河、在北京、在江苏、在深圳、在广州。和你、我一样学习、生活、经营、打拼……却在某一个时刻，人生突然暂停，并开始了姿势不一的自救与挣扎。

我在这里，记录了辩护律师成就无罪瞬间的心灵悸动，更告诉你时代风潮中一个个具体的人经历人生突变时的震颤或淡定。也以自己的阅世经验，带你一同走进刑辩第一现场，共同体悟人生变故时刻的思索与感受。

没错，倾注阅世经验雕刻一部心灵手记——是本书的心愿。

长镜头复盘刑辩一线的真实场景，一起推动"实务推动法治"——是我的心愿。

融通视角下的刑辩对抗、独白式辩护思考——通过这些前所未有之独特方法——带你"打破窗格子看刑辩"。

手记知行悟，写下刑辩征途中久久不忘的每个瞬间。

为此，我既讲细节，更注重展示方法与原委：

在这里，我用案子说话，解读辩护的道理：

"这时，需要律师的介入，本质上，就是需要提供硬核、清晰、专业的辩护意见，让司法官既能'一目了然'地看清案子本身存在的问题，又能理解被羁押者的心理……"

以白描手法，让委托人的危境跃然纸上：

"那一刻，我看到，旱季非洲大草原上急匆匆迁徙的角马，奋蹄跃起，而河道湍流中，一张满是雪白牙齿的大口突然甩头撕咬过来……"

结合当事人处境，不经意化入人生哲理思考：

"不接受专业的意见，便要承受坚持己见的后果。谁说人生不是一道道的选择题呢？"

对罪与非罪的专业判断，一句大白话往往最传神：

"这是一张密密麻麻的交易网，也是一个多姿多彩的海外华裔真实生存的样态。有人赚钱，有人帮忙，友情与交情及生意并存。和许多其他领域一模一样。"

讲辩护的同时，也兼及对现实中"找关系"的观察：

"二宴，极可能是一场苏总的独角戏，而我和小周都是友情客串的路人甲，边上的老板，是出钱看戏的金主。

"肉菜、红酒、小资情调……都是戏中的布景。在一众人宴酣之乐的外表下，一场交易正在展开。"

像这样的句子，还有很多。毕竟，这是历时三年多时光沉淀的写实手记。

这是一部刑辩纪实手记。

这是一部少见的辩护方法与技能学习讲义。

这是一份散发着田野间泥土芬芳的一线社会司法运作观察与研究的样本。

你可以把本书看作刑辩实战学习手册。

当然，你也完全可以用消遣的态度翻阅本书。

甚至，可以把本书看成励志读物。是一位中年大叔，以半生经验，把自己的办案奇遇、化解难题的经过及心路轨迹，和你促膝长谈，时而快人快语，时而娓娓道来。

需要特别指出的是，本书的每个案例的讨论都仅仅针对个案，笔者无意上升到制度性的或者宏大视角的层面。同时，笔者站在律师的立场充分表达对每个案例的意见，但对法官的最终判决表示完全认同与尊重。

好吧，开始愉快的阅读体验吧！带着一双好奇新鲜的眼睛，走进不一样的刑辩大世界。

# 目录 CONTENTS

1

## 第三章

### 荷籍老板对敲经营地下钱庄？专业介入得自由

## 后记

# 第一章

# "债转股"转进了"套路贷"，
# 异地不诉获释放！

---

基于专业方法得来判断，继之以持续的跟进、奔走、沟通，是推动辩方观点变现的基本路径。

## 异地委托：信任来自千里之外

2019年8月14日，在孙岳①案的办理途中，我接到了胡蝶的咨询。

胡蝶是胡阳的姐姐，胡蝶在湖北，胡阳在深圳。弟弟受羁押前，曾发过一段信息给胡蝶：

"姐，事情经过是这样的：

"我之前开店，周转不过来，找张如业拿了高利贷，利息很高，给的利息都远远超过本金了，后面还不上了。后来张如业找我聊，如果我拿一个门店49%的股份出来，他就帮我

---

① 本书中出现的人名均为化名。

找个股东进来投资，而且投资50万元。但是，前提条件是一定要听他的安排，同时给中介费，我没完全同意。他找来的投资人是名银行职员，我们见面后不久，合约就签了。到最后我才明白，张如业名义是帮我找投资人，实际上是让我还清他的本金。这笔投资款我实际只用了十二三万元，我这转账记录都有。现在投资人告我合同诈骗，我怀疑他们给我挖坑。我只见过这个投资人一面，其他都是张如业对接的。而且这50万元是投资款，不是找投资人借的。情况大概是这样，请姐帮帮我！"

短短三百多字的陈述，在接办前，我已经看到了终点。

但就像望见了眼前的山顶，却不是转眼就能抵达一样。后来，为了这个真相，我们耗费了5个月的时间。

5个月里，深圳、广州往来奔波，一次次控辩推演，一遍遍控告方案敲定、否决再否决，还有与检察官的一轮轮艰难沟通，与家属沟通证据和介绍办案进程……

每个刑事案件中律师需要面对的，都是一部庞大而复杂的机器。而这部机器，有它自己的脾性和特点。

每次委托后，都有一场漫长而艰难的旅行。

# 无罪初心：微弱却执着的火苗

如何认定有罪？在刑法上有一个经典的判断标准：是否超出了人们的预测可能性。朴素理解就是判决有罪时看看普通老百姓能不能理解。

恰恰是在这一点上，专业律师往往接案时便能根据家属的反应判断是否存在无罪的空间。

胡阳人在深圳，未婚，和家人沟通密切。家人对他的生意也都知道，对他的人品高度信任。

胡蝶跟我说，她弟弟为人义气，吃了不少亏，现在为了弟弟的事情，家里把房子都卖掉了。

14日和我沟通后，18日胡蝶的爸爸和老公搭夜火车，千里迢迢来到广州，19日一早和我当面沟通，确定了委托。

我和李伟律师介入，准备控告对方。家属说，之前的律师也曾有过这个建议，但胡阳没有写控告材料。

我们要做的控告和之前律师一样。只不过，我们不是让当事人自己写控告材料，而是以辩护律师的身份写好，由委托人签名确认。

胡阳竟也不肯在我们拟定的控告信上签字。确定此路不通后，我们变通了方法，以法律意见的方式，反映给了检察官。

胡蝶还陆续发来了一些证据材料。

这里面，有胡阳上家公司的协议，有房东的租房合同，有和三家高利贷公司的流水，有胡阳自己公司会计经手转款的信息。

所有材料，夹杂在一堆家属认为可能有用的叙述里。整理这些材料，我们一点一点印证此前的判断：胡阳被"套路贷"了。这个判断，来自几个关键点：

1.还款的利息超过了本金，但账面上仍欠着十几万元。

2.眼看着还不上钱，债权人又介绍了"银行的朋友"庄大山。

3.胡阳未置可否时，庄大山以入股为名打款50万元，而这笔入股金胡阳实得12万元左右。

4.后面的经营盈利跟不上还款利息时，胡阳离奇出走。

5.胡阳的出走，正好掉在了合同诈骗的坑里——收受对方当事人给付的货物、货款、预付款或者担保财产后逃匿的可能构成合同诈骗。

回看整个事情，两条线索此消彼长：

一条，是胡阳热火朝天地经营，仍然还不上高利贷的借款。

另一条，是收取了超过本金的高息，仍然挖下陷阱要榨干债务人的最后一分钱。

那一刻，我看到，旱季非洲大草原上急匆匆迁徙的角马，奋蹄跃起，而河道湍流中，一张满是雪白牙齿的大口突然甩头撕咬过来。

入股合同，是商业版的尖牙利齿。

## 会见等候：人生拐角处的小店

胡阳押在南山区看守所。一年前，我曾来过这里，当时是一起职务侵占案，当事人谢总后来取保获得了自由。

11点半，我和李伟律师就到了门口，来得早，先在对面的小士多店坐等开门。

天空下着细雨，小店有点欧陆味道的布置，桌上的小布艺，悬吊的小公仔，很是典雅温馨。喝一口手中的咖啡，啃一口饼干，两人一边筹划着接下来的会见，一边思索要递交的法律意见。

作为美发店的老板，为啥在欠钱不还后出走新疆呢？

这是案子最大的疑问。

之前研究过的案情随即浮现脑海：如果离开深圳去新疆，但与债权人没有中断联系，甚至把去向告知债权人，那是不构成诈骗的。如果出逃并非逃债而是为了逃命，因为不具有期待可能性，那也会让诈骗的犯罪链条中断。

既然，胡阳陷入的是一个"套路贷"的陷阱，从胡阳的立场，有无虚构或夸大经营的事实、有没有双方真实的资金流水、是否给付利息远超借款本金，这些是证明案件情况的关键证据。经营达到相当的规模，才需要借贷，那么，胡阳当时经营的是什么，有多大的资金吞吐量？

从对方的角度看，如果是"套路贷"，其核心罪名是诈骗或合同诈骗，那么，虚增债务、制造违约是核心环节。一旦做了，客观证据，不容抹杀。将张如业的债权转给庄大山是否转单平账？是否变相地转单平账？张如业催收欠款后，为什么要介绍庄大山？这部分虽不是传统转单平账的手法，但入股资金，为何又需要胡阳偿还？

两边分析之后，证据，才是决定案件走向的唯一指针。那么，面对同一份证据，怎样避免司法官作出不利于胡阳的认定？

办法：一是讲好辩方故事；二是讲述过程中的证据构建。

作为辩方故事，奔腾的角马与鳄鱼的撕咬，只是头脑中的想象，怎样将具象化的构想，转换成法律人的表述？如何口头表述？如何谋篇布局形成精准文字？需要形成哪些文字、文书？

虽说会见前已经形成提纲，但一路驾车相伴、商谈、思考，无疑对提纲的丰满起了到重要作用。

## 会见现场：拨开迷雾见阳光

胡阳身形微胖，个头中等，圆圆的脸上满是对自己处境的疑惑不解。对于情节的叙述，印证了家属之前所说。而他自己最关心的问题是：还了钱啥时候能出去。

随着会见的推进，提纲里的问题，基本得到澄清。胡阳出走后，债权人可以通过亲戚联系到胡阳。

至于出走的原因，胡阳即使事后重述，仍然心有余悸。他说，张如业他们那伙人追债时，把债务人埋进沙里，露一个脑袋在外。

我看到，胡阳小小的眼睛定在某处，一字一句地吐露出这个恐怖的画面。在讲述的时候，他圆圆的脸蛋因紧张而微微颤抖。

"你是亲眼看到的吗？"我问他。

"他们录了一段视频，放视频给我看的。"

"沙埋"，电影镜头中曾看到过的画面，不想那一刻，由端坐对面的委托人突兀惊悚地讲出来。

对"沙埋"的恐惧，而不是逃债，才是胡阳出走的动机。

再深一层分析，离开深圳后，为何亡命天涯，远走新疆？为什么不是回湖北老家？

原来，胡阳在新疆时，也在搞他的美发美甲事业，目的仍是还债。这也是会见时，他仍口口声声询问还了钱何时能出去的原因。

但在那时，家里已经没钱帮他偿债了。


## 走向不诉：复杂博弈与抉择

12月中，经过阅卷，律师意见已定，向检察院提交了无罪辩护意见。可是胡阳突然被人拿了魂，同意认罪，认为这样可以早点出去。

和家属沟通，胡蝶的意思竟也变了：

"张律师，家人的意思一样，退一点赃，后面再分期还，能不能争取检察院不起诉呢？"

顺应委托人的意见，也坚持原来的无罪判断，我们决定取一条中间道路：谅解书。能拿到张如业的谅解书，无论是不起诉还是判缓，都是有利的。

但是事情再起变化。

和张如业的谈判崩了。对方提出赔偿全部50万元，胡家人实在拿不出。

虽说这时的僵局，最终帮胡阳家省了一笔钱。但当时感受到的，是没着没落的失落与纠结。

为什么，本来坚信自己无罪又突然认罪认罚了呢？其实，律师能理解委托人在失去自由环境下的无奈。——"既然一段时间都出不去了，那能早点出去也好吧。"

在这一点上，也反映了认罪认罚制度在实践中的尴尬。

一方面，检察官会苦恼某些犯罪嫌疑人的狡猾："为了轻罚、脱逃制裁两边倒，想利用认罪认罚制度，搞得我们事实都查不清楚！"

另一方面，犯罪嫌疑人、被告人属于法律上的非专业方，处于天然的弱势地位，有急于恢复正常生活、工作的现实考虑，哪怕本身无罪，但出于"两害相权取其轻"的急于脱身的朴素想法，在"自由"和"公平"的抉择前，当然地选择自由。

因为对他们来说，真相是缥缈的，法律也是难以精准的，而唯有自由是真正珍贵的、真实可见的。

这是现实中的囚徒困境。

这时，需要律师的介入，本质上，就是需要提供硬核、清晰、专业的辩护意见，让司法官既能"一目了然"地看清案子本身存在的问题，又能理解被羁押者的心理，最终基于事实（法律上的事实），作出经得起考验的裁决。这样的裁决是多赢的。

胡阳案子，审查起诉阶段，是决胜阶段，也是最胶着的阶段。

为此，必须回到法条原文。

《关于适用认罪认罚从宽制度的指导意见》第三条规定，坚持证据裁判原则。办理认罪认罚案件，应当以事实为根据，以法律为准绳，严格按照证据裁判要求，全面收集、固定、审查和认定证据。坚持法定证明标准，侦查终结、提起公诉、作出有罪裁判应当做到犯罪事实清楚，证据确实、充分，防止因犯罪嫌疑人、被告人认罪而降低证据要求和证明标准……

认识到司法解释类文件的内核，也就厘清了委托人骑墙态度与专业坚守的关系。

司法解释的内核，本身已经包含否定之否定的逻辑回旋与进阶，是重申和继续坚持以证据、事实、法律的判断标准。

上述认罪认罚指导意见本身，并不排斥胡阳的态度。相反，胡阳的态度以及案子不诉的最终结局，已经埋伏在指导意见里：

"……对犯罪嫌疑人、被告人认罪认罚，但证据不足，不能认定其有罪的，依法作出撤销案件、不起诉决定或者宣告无罪。"

这个认罪认罚的指导意见，经历3年全国试点后，于2019年10月推出，正好在12月化作照进胡阳案件的一缕阳光。

## 焦虑永不眠：隐忍、不安、担心

阳光照射前，现实处在阴霾、乌云、黑暗的交替笼罩下。

审查起诉阶段，案子经过了二次退回补充侦查，胡蝶每次都注意了解跟进情况，她的语气与用词很礼貌，但越是克制和缓，越是让人感受到家属心中的焦灼、担心。

2019年9月25日，胡蝶问我："张律师，明天的阅卷你去吗？"

我告诉她，已经去过了。

胡蝶又问："你还在北京啊，等你忙完了回来跟我说说案件的情况啊，拷完光盘检察院是不是准备起诉了？""嗯，争取不起诉的可能性有没有呢？"

我当时在北京跑孙岳案，胡蝶是通过朋友圈看到的。我告诉她，胡阳的出逃，是案子的难点。不起诉是努力方向。

就在那年国庆节里，事情起了变化。

10月4日晚上8点多，胡蝶突然告诉我："胡阳店里的员工现在都知道他被抓了，说要去告他，对他现在的案件有影响吗？"

刑事案件，影响的不只是人的情绪与家庭完整，还有一个人的职业规划与长远发展。作为律师，我早已习以为常，可家属的焦急我却感同身受。不过，就法律事务而言，我只能告诉胡蝶："不管他们。刑事案件优先于民事案件。由他们折腾吧。"

到了10月中，胡蝶问："如果不退赃，会判几年？"又补充，"或者是少退一些，像我弟说的分期还，因为我们现在根本没办法退还那么多。"

毕竟亲历切肤之痛，胡蝶的有些问题专业含量很高。很明显，她在恶补法律。

有一次她疑惑地问："案子难在哪里呢？他主观不是想自己占有，还是想着做生意的。"

对专业的问题，要将专业道理以通俗的语言表述，才能让家属明白。好在平时都在思考其中的道理，讲出来不难：

"法律上，有时候事实是清楚的，但事实要以证据表现出来，作为律师，需要以清晰的方法表述出来，为了确保效果，还必须是符合刑事法律证据规则方法的表述。

"如果说，事实是什么，需要综合调动涉案事实、卷宗证据、所涉程序及实体法律来说理，那么，为确保效果，还要穷尽案例和司法工作经验。"

我讲的道理，我想胡蝶不见得能全部听懂，但她总是很善意地致谢。如果是晚上沟通，还会在最后提醒我注意早点休息。

家属所有的问题，都在促进我们阅卷、思考、研究。但因为程序没到，有一些，我答复要等到阅卷后才有结论。胡蝶也很理解，回复："嗯，看到案卷我们再商议，你忙哈。"

有时，胡蝶会称我是"正义的、有责任的律师"，虽然其中不免恭维的成分，但仍会让人旺盛战斗的激情。

11月中，案子第二次退侦后重报到检察院，我们一起去会见胡阳，12月初，递交不起诉法律意见给检察院。

辩护真正到了生死攸关的时刻。

急急忙忙地，胡阳的父亲，又一次专程从武汉赶到深圳，当面和检察官沟通。

因不能一次全部付清赔偿款，又没谈成。

胡蝶告诉我："张律师，我爸回来了，事情还是像我之前说的，庄大山要求一次性给钱，没商量，没拿到谅解书，你可以想象到我爸有多么失落和无助……我也是在安慰他，要他放宽心！剩下的事情都靠你们了，我们的情况特殊，你都知道，所以你得多费心在我弟的案子上！万分感谢！"

充分理解家属的焦虑，所以不能从超然的角度，让胡阳的家人莫做无用的努力。

而在家属的努力落空后，所有的压力都落在律师身上。此时能做的，就是以专业的作为，努力去狙击这个案子。

奇迹，只存在于用心工作而默默努力之后。


## 书面意见：刑事案里的定海神针

胡阳案，和检察官的沟通以书面为主。

这个案子，法律意见前后有5份：《控告信》《控告证据清单》《调取证据申请书》《不起诉法律意见书》《当面听取意见申请》。

《控告信》和《控告证据清单》，后来合为一体。从胡蝶提供的6份证据可以看到，短短8个月里18次资金往来，胡阳共借16万元，但还款高达35.7万多元，年利率123%。《控告信》虽然因为胡阳不签名而未实际使用，但对于厘清证据，以及之后的法律意见之形成，起到帮助作用。

核心的法律意见，经过反复研究，集中在三点上。

一是胡阳实际持有美发店股权，不存在虚构事实。

二是与庄大山签订的投资协议内容，与庄大山和张如业的陈述存在明显矛盾。张如业在陈述中讲投资50万元，还有案外人投资了20万元，但实际银行流水显示为25万元，存在明显矛盾。

三是庄大山未经考察，与胡阳本人不熟悉，甚至只见过一次面，就以巨款投资入股不合常理。

案件存在关联证据未查实导致的事实不清。主要在三个方面。

一是胡阳对美发店的股权情况与实际经营情况待查未查。与此相关的，是胡阳股权的出让方，即上一手孟小该询问未询问。

二是胡阳与张如业之间的银行流水等转款记录该调查未调查。胡阳一直称，自己之前的还款已超过借款本金未能查明，而这一事实涉及张如业是否是真正的出借人，还是"套路贷"嫌疑人。

三是胡阳收到庄大山打款后的资金流向该调查未调查。如果资金流向张如业，则可印证张如业实际获利而可能涉嫌"套路贷"，实际上，胡阳在打款方收取砍头息、转出给张如业后，实际收款项仅12万元左右。

基于未调查核实的事实和卷宗材料中存在的矛盾，辩护人向检察官提供了另一种可能的合理解释：

张如业本是高利贷从业人员，在收取胡阳已经覆盖本金的高额还款仍不能还清他的虚增的债务后，以庄大山的名义，签订一份限定每月还款7万元、10个月还清的名为入股实为借款的《入股合作协议》，进而在胡阳还款不能时，联手庄大山，以胡阳合同诈骗为由，对胡阳实施刑事控告。

第二次退回补充侦查重报到检察院后，律师发现，补充的材料，恰好可以证明胡阳无罪。

集中在三点：

一是向证人孟小的调查证实，胡阳对美发店有所有权，进而，胡阳以股权出质形式向庄大山借款（名为入股），便不存在虚构事实的情形。

二是银行流水显示，胡阳向庄大山的借款大部实际流向张如业，证实向庄大山的借款实为借新还旧。引申一步，之所以借新还旧，原因是张如业不断虚增债务。其间，有证据显示庄大山曾用威胁手法试图侵占胡阳财产，而慑于张如业、庄大山的淫威，胡阳未敢报警。

这里，有一个较隐蔽的手段，就是开头的借贷关系，张如业是以口头与胡阳形成的，在债务滚雪球般地变大后，才有了后面的《股权转让协议》。

好在这部分隐蔽的内容以证据形式出现在卷宗中，而我们找到后提交给了检察官。

三是胡阳出逃时，银行流水显示其身无分文，不存在卷款潜逃的成分，其出逃完全是慑于对方威胁、恐吓之后的逃命。

回到本段的小标题，刑事案里的定海神针，从根本上讲，就是极致努力研究后以极致专业的方法呈现的法律文书。

## 远程喜讯："我弟弟出来了！"

2020年1月10日，电话响了。接听时，是激动到让我陌生的声音："张律师！我弟弟出来了！"

是胡蝶。

那天，我正在河南郑州，和当地一个案子的家属一起。听到电话，我条件反射式地脱口而出："胡阳可以回家过年了！"

就在几天前，胡蝶还心心念念地跟我说，她奶奶重病，都不知能不能见到弟弟。

就在近一月前，我脱口而出的"是的，在等不起诉"，让胡蝶兴奋不已。

有人说预见性是顶级可靠律师的标志。等而下之，才是不撒谎、有专业技能等。

不撒谎当然是做人的基本。但对预见性，我并不赞同。

当律师把预见性作为一个评价标准时，本身就是偏离了辩护。

刑事辩护的本质，核心是基于五个穷尽的无穷说理，即针对不同说理对象，变换不同内容与结构的沟通，而五个穷尽，要求穷尽证据的研究、穷尽法律的检索、穷尽案例的搜索、穷尽事实可能的推演、穷尽经验的运用。

专业的刑事辩护，包含了大量具体而精细的工作。强调预见性的结果，接下来，即使不倒向勾兑，不倒向玄妙的神秘论，其结果也来得不纯粹了，甚至会脱离专业可能达成的理想结果。

就刑事辩护来说，立场是倾尽经验、专业、努力后的唯一判断。无罪就是无罪，这个立场丝毫不能动摇。正如士兵对于寸土不能退让的阵地一样。

辩护人任何时候向不知深浅的委托人及其家属灌输预见性，都是信息不对称情况下的降维沟通，甚至有敷衍诈欺之嫌。

虽然如此，对于焦灼的委托人和家属，辩护律师对于专业工作解释本身，恰好被理解为准确预测，这样的理解，体现的其实是专业的判断。

这种家属基于焦虑的美丽误读，其实是以大量扎实努力作铺垫的。

胡阳的不起诉案，与后来的孙岳不起诉案，是2020年两起不起诉案件中的一起，不同的是，胡阳的不起诉，属法定不诉、绝对不诉。后面胡阳经申请获得了国家赔偿，为家庭赢得了一点经济上的补贴。

## 经停武汉：一次近距离的错过

胡阳出来后，每逢年节，胡蝶都会发问候给我，不时地勾起我对往事的回忆。

关于这个案子，每每想起，让我感触最深的，还是开始委托时，胡蝶的老公和父亲，连夜乘车来到广州。

虽然，胡蝶是真正联系并确定委托的，但截至现在，我和胡蝶仍未曾谋面，而这份隔空而生的信任，愈加让人感念。

曾经，有一次擦肩而过的机会，但终是错过了。

2019年9月15日，去恩施州建始县办一起传销案。世界军运会期间，中午快1点钟时，经停的武汉天河国际机场格外光彩照人。

胡蝶家在武汉，在朋友圈看到我在武汉很意外，要请我一起吃饭，但下午3点又要起飞，后来回飞时，要匆忙赶回广州，和另一个委托人碰头，终是错过了。

胡阳案，堪称离奇性较强、令人脑洞大开的一个案子。

不是亲历，对其中的商海险恶是难以尽述的。因为从证据来看，很明显张如业就是胡阳的老乡呀。老乡见老乡，不是两眼泪汪汪吗？况且两人都在异乡。

我有时又会想，一个"套路贷"受害人的亲属，为什么会天各一方找到我呢？毕竟，我并非专注于诈骗类犯罪辩护。

回想起来，虽说2019年年初的常州非法吸收公众存款案（以下简称非吸案）中，在审判阶段帮史美兰打掉了450万元的诈骗罪指控，更早时，在2018年余三良涉期货诈骗案中，在侦查阶段实现了不捕的无罪。但毕竟和这个股权"套路贷"案子有区别。

难道是这个案子中的涉股权交易部分，让胡蝶认为它是金融犯罪案件，从而找到了专做金融犯罪案件的我？

无论如何，这个案子的成功，再次印证，专业方法的运用、案情的研究、辩护方向的敲定与路径选择是关键。

1月10日，从此成了一个特殊的日子，一个给委托人恢复自由从而也值得我纪念的日子。

生命，虽然充满了许多的错过与巧合，但于刑事律师而言，有一点是不变的：

专业，是刑事律师成功的必备。徒法不足以自行，做到这一点，必须从冷冰冰的法条中跳出来，回到委托人的关切、要求与案件证据、事实中，选择切实可行的路径，而并非凌空蹈虚地贩卖理论知识。从事实、证据、法律、案例中，寻找有效辩护的方法，走出与众不同的每一个案件独有的路子。

# 第二章

## 供应链老板身陷 P2P 罪案，善辩助力返家园

赴一场人世的盛宴，体味下石者在深渊之上的欢笑。

# 美味越三年：舌尖上的杨梅

寒冬时节，却总是想起一种水果。我说的是四五月份当季，鲜红欲滴，水晶般晶莹透亮的杨梅。

这种南方的水果，当事人家属从湖南给我寄了三年。一直太忙，我都没尝过。就在今年[①]，路过事务所前台时，看到箱子打开了，就吃了一颗。我才知道，自己错过了两年的好滋味。

一年一熟的水果，那个远在湖南未曾谋面的人，要一直寄给我？在她的心底隐藏了多少经历世态炎凉之后对于一个

---

① 本文成文于2021年冬。

"陌生人"的态度呢?

有这个水灵灵的杨梅引路，我的思绪不停地翻篇。

这个案子，夹杂了太多当事人的无辜与世道的逼仄阴暗，遭遇者不说，就不为人所知了，而后，还会有人哼着小曲、唱着歌，抱着愉快放松的心情，高踏步地一脚直坠谷底。

梁山是这个案子的主角。

## 一宴之忧: 溜边鱼的隐身生活

梁山的案子，从案发前当事人咨询，到当事人出来后的答谢，加上中间的一回，共有三次宴请。围绕着三次宴席，上演了案子的开启、煎熬、落幕。

第一次，是梁山在案发后，先通过老乡找到政法口的朋友，再通过这个朋友找到我研究生班的同学，后来大家在当地一家粤菜馆见了面。

那时是2017年，非吸案并不多见，很多律师连罪名都喊不全，同学看我有这方面的案例和研究，就介绍我去了。

梁山不敢见人，是我和先来的三个人谈得差不多了，他才来的。

我才知道，梁山那段时间过得像个溜边鱼。

梁山后来变得瘦、黑，但回想起那次见面，还是圆润得很，人也不像后来那样眼神闪烁，而是自带一股豪爽和灵气。

梁山的老乡苏总思维缜密。他说，案子发生后，老板给抓了，下面也抓了人，梁山也被网上通缉了，所以第一次见面，还是朋友先帮他把把关。

梁山是做供应链的，跟着朋友从老家湖南出来，搭在联宜平台上卖自己的货物，出价都是通行的进货价。他没有拉人投资，仅有一个表妹买过涉案产品，也已回本，没有损失。但是因为和涉案公司老板是朋友，参加过几次招商会，会上以供应链部门副总的名义上过台，不过没发言。

我判断，截至这里，如果侦查机关掌握的情况仅限这些，不应当认定梁山构成犯罪。

但既然挂了职务，还上了招商会的台，尽管只是挂了一个名头，那也有被误判的可能，所以这是一个疑难点，如果不自己整理证据，不主动去说清楚，可能会加深侦查人员的错觉，越到后面，就会越说不清楚。

所以，我的建议是，主动去找公安，好过自己东躲西藏。

梁山很认真地听我讲，漆黑的小眼珠闪着亮晶晶的光，旁边的朋友和同学也都凑上来屏息地听。

梁山问，杨思齐是因为涉枪被云南警察抓的，杨思齐刚抓的那天，关在仓边路的时候，他作为朋友，为什么还能见到人？为什么杨思齐还给他签了一个授权委托书？

"授权你做什么？"我问。

"授权我代他管理公司。一起的还有公司财务总监字完子赤云（蒙古族，下简称字氏）。"

梁山的案子就在这里埋下了祸根，也是一个重要的争议点。但当天也就谈了这么多。

那天大家散了，过后没再联系。这种问问情况，然后就没有了然后的情况，在朋友同学间比较多，慢慢地我也就淡忘了。

两个月后。在2017年12月，苏总突然来电，说梁山被抓了，还是要请律师。

我办好手续会见了梁山。

原来，第一次和我见面谈完后，梁山和朋友一合计，没有听从我的建议，而是换了手机，换了房子，结果在一次住酒店时，被联动报警系统发现，直接被警察带走了。

同样一个案子，主动归案和被抓获归案是完全不同的。

真让人痛心。

更大的问题是：梁山因为出逃，被认定为排名第一的犯罪嫌疑人。

但那是后来才知道的，当时着急的是把上次面谈没有讲清的案件事实细节挖掘出来，结合证据或证据线索，形成法律意见提交司法机关，争取人尽快出来。

这次再见面，梁山讲了更多的细节。

## 供货有罪：供应链老板的梦魇

梁山在2017年年初，注册成立了广州上品公司①，主营供应链管理，就是通俗所说的多宗商品的一体化搜索、供应。

公司的客户之一，就是本案主犯杨思齐名下的联宜公司。

联宜被查，是因为积分加油卡销售涉嫌非法集资，但这个加油卡，并非上品公司提供的。

上品公司提供的是日用品，有的作为礼品赠送，有的搭在联宜网络平台上销售，无论哪种情况，采购价都与提供给其他平台的没有区别。

梁山说，自己有两件事不太吃得准：

一是转账。7月29日，杨思齐因涉嫌非法持有枪支罪被刑拘后，梁山和李氏等4人，回到平安银行、建设银行，帮杨思齐把其个人账户上约1900万元的款项，转到梁山控制下的杨小梅（梁山前妻）名下的银行卡上。随后，该笔款项被转到联宜公司账户。

① 本文所用公司名称皆为化名。

二是受托管理。杨思齐被刑拘，梁山作为朋友，受托负责联宜网上商城积分兑换的统计、核算。

第一种情况，我分析是一般常见的资金过桥。如果没有参与预谋，既不明知资金来源用途，也没有获利的，不构成犯罪。从那笔资金最后用于公司经营来看，也是没有问题的。

第二种情况，商城积分，涉及网上商城加油卡核心业务的关联部分。当然，从一般意义上来说，侦查机关会倾向于认为没有积分奖励，折扣加油卡也不至于导致大量受害人上当，所以积分有客观上的促进作用。

但我认为，这种简单粗暴的认定其实回避了法理层面的剖析。即：网上商城根据客户消费积分给予一定奖励，并变现为实物，是一种通行的商业运作。这时梁山所提供的货物，本身并不是从非法收入中提取的价款，而是以货物本身的价值，参加一般性商业分工获取的公开透明且符合市场规则的对价。

这种行为在实质上，如同杨思齐吃饭消费需要支付对价，不能无限地、扩大化地追究正常商品与服务提供方的责任。

当然，案件中的加油卡充值消费涉嫌非法吸收公众存款罪，也是远离人们日常生活的法定犯，是连不少专业法律人都不一定能识别的犯罪。因此，也不能从事后的、超然的角度，要求没有参与顶层设计的梁山，明知带有商业秘密性质的涉案公司的全部运作，而且能判断出其本质为犯罪。

基于这样的梳理，我断定，第二种情形同样不构成犯罪。

这个判断，在之后得到了印证。

根据会见，我当时制作了法律文书：《关于建议贵局对梁山涉嫌集资诈骗罪一案作出不予呈请批准逮捕的法律意见书》。1月中，交给了侦查机关。侦查机关没有给出回应。

很快，案子在第26天到了检察院，这个时间，比法定的30天提前了4天。

我第一时间赶去提交了两份意见：一份是不予批准逮捕的法律意见；另一份是申请当面听取意见的申请。

和给公安的材料相比，后面的材料，突出了梁山代管时间很短：只有短短20余天。材料也作了更多文字上的订正与润色。

很遗憾，仍然没有成效。案子还是批捕了。

从后来看到的材料判断，侦查阶段，公安认定梁山是第一犯罪嫌疑人。

梁山的出逃，给自己带来如此不利的认定，真不值。

# 压力很大：复杂案中有些复杂程序

这个案子，2018年3月初移送审查起诉，中间经过两次退回补充侦查，到9月中起诉到法院。

这里有个明显的特点，就是移送审查起诉非常快。

一般来说，多人且涉案金额特别巨大的案件，侦查阶段经检察院批准后会有两次延期，整个侦查阶段会达到6个月又7天。

但梁山只有3个月。为什么会这么快呢？

因为梁山是在逃被抓归案的。

之前的同案人已经在案了，为了并案，他的办案时间被大大压缩。

从后来侦查机关出具的《起诉意见书》来看，警察在侦查阶段，基于梁山"公司副总"的职位、出逃的事实，把他定位成排名第一的犯罪嫌疑人，并匆匆移送检察院审查起诉。

但不能不说，梁山的出逃本身，也给这个扑朔迷离的案子中侦查机关的认定提供了条件。

后来，检察院看到律师提交的专业辩护意见，加上持续不断的沟通，在起诉书上把梁山变更为三人中排名倒数第一的被告人。

如果说，梁山排名的变更，是检察官对审查起诉阶段，律师专业尽责辩护努力的一种肯定的话，我常常想，假设在侦查阶段，一开始就能主动去澄清自己的涉案情况，包括提供一些证据证明自己的清白，即使不能得到侦查阶段即获完全脱罪的效果，但能让侦查机关对自己的定位有一个稍后的排名，再加上审查起诉阶段的不懈努力，让检察官对犯罪有一个更加清晰的认定，或能实现不起诉或最终缓刑、免罚的效果。

在之前办的案子中，陈天伦侦查阶段取保后在审判阶段的免罚；史美兰涉非吸案中930万元的诈骗罪在审查起诉阶段金额减少为450万元，最后在审判阶段撤回起诉并免诉；陈美丽单人涉1亿多元私募基金非吸案继审查起诉阶段取保后在审判阶段终判缓刑，都是一步步接力式持续不断努力的结果。

当然了，当然了！要求梁山本人，能跳出自己基于一般人的生活成长经验，在2017年10月那次匆匆的碰面后，就能下定决心，主动拿着证据去跟公安沟通，或许也是不符合客观现实的。

那接下来，只能承受多一点羁押的痛苦吧。

既然选择了享受一般人所认同的短暂幸福，必然要同时承受作为一般人"撞板"专业问题后的痛苦。

不接受专业的意见，便要承受坚持己见的后果。谁说人生不是一道道的选择题呢？

# 寸土必争：拯救"躺枪者"

审查起诉阶段，是梁山案的一个重要阶段。

第一次阅卷后，6月22日，向检察院递交《羁押必要性审查申请书》《非法证据排除申请书》《调取全案证据申请书》《建议作出不起诉的法律意见》4份文书，和后面的加起来，这个阶段共出具了8份文书。

9月中旬，案子进入关键时期。根据11日和汪检察官的沟通，案值达2.7亿元。

沟通得到的消息，加重了辩护的压力。

申请补充阅卷未成，我拿着法律意见到了检察院，和检察官当面陈述不起诉的理由。

打完电话，在门口等了几分钟，走出来的是高个儿的张检察官。

我说，从第一次退回补充侦查后，就一直没有阅到卷。根据之前阅到的卷宗部分，不能根据梁山在涉案公司有办公室、有参加招商会，就认定他有犯罪。

张检察官很认真地听着，也给我解释了他们目前的分工和程序，完了接了我的材料便回去了。

那天是下午4时，两人站着交谈，就在检察院大门口，我背后的大马路上，大车小车不时疾驰而过，头顶的太阳，在9月份的广州正是最毒的时候。

虽然沟通只有短短几分钟，但女检察官似乎被我的说辞感染了。她身着浅蓝制服在太阳底下显得格外洁净，端正的着装一丝不苟。一次次摊手、耸肩，给我印象深刻。

当天递交的材料有3份，其中一份非常特殊，那就是9月11日这天提交的《关于建议检察院在审查起诉阶段撰写〈起诉书〉时对梁山排名顺序予以纠正之法律意见书》。

除去这次当面反映意见，和检察官的意见交流其实以电话为主，而印象最深的，在6月25日。

接线的汪检察官说，收到了我递交到案管中心的材料，也都看了。他讲这个案子还有很多材料，没有移交给他们，包括其他同案犯，包括司法会计鉴定的结果，他们也都没有看到，很可能要二次退回补充侦查。

我问对于非法证据排除和调取新的证据的申请的意见。

汪检察官说，会尽可能地按照我们的请求去调取。

汪检察官的答复，不能让人满意。如果说和他的沟通有什么成效，那就是提醒他注意辩护律师的意见。

到底是汪检察官，还是张检察官在后来的起诉书上，把梁山从原嫌疑人中的第一变成倒数第一呢？

现在已经无从得知了。

梁山案，没有达成不起诉的目标，不免让人遗憾。从排名第一变为倒数的第一，只能说是一种认定从轻的让步。

## 号哭记忆：绝望无助的妻子

梁山刚进去两个多月的时候，3月16日早上，我去会见梁山的路上，杨小梅打电话给我。

杨小梅是梁山的妻子，为了避债，办了离婚手续，后来准备复婚时，梁山给抓了。

虽然从没见过面，但知道我是梁山的律师，就一直有微信沟通，经常问我些事情，家里的事，案子的事，写信的事等。

后来每年4月份给我的杨梅，也是她寄的。

3月15日，杨小梅生了个男娃，因为梁山被关，小孩办不了出生证，也上不了医保。偏偏，小孩有先天的肠梗阻，急需手术，没有证明，都卡住了。

这一下，鲜活的小生命甚至有了性命之忧。

杨小梅问我怎么办？

这是个操作性极强的事项，我一时语塞，答应帮忙问问。

杨小梅急切的声音却止不住，一哇声没刹住，意外地在电话里哭出声来。

先是锐声地，像一根锥子刺破气囊，接着，是绵绵不绝高亢哀回的哭，像是从遥远的深谷传来，像是从一个被世人忽略的世界传来。

三年了，我有时会怀疑自己是否真的曾经听见过，那段痛彻心扉的哭号。

听电话时，我是把车暂停在马路边上的，那段声音，是迫在嗓子眼里发出来的，犹如伴着唢呐黄土满天地袭来，那段路程从此也蒙上了灰霾的记忆。

那段哭声，不记得持续了多久，但两年多来，总在心头旋绕，像不能停止的循环播放，像是梗在骨肉间的一段刺，不退不离。

后来，杨小梅专门微信我，说自己失态了。对于一个陷入绝境的人，我有什么好抱怨的呢。

如果不是这段经历，我对刑事案件的认识，还停留在委托人的自由、名誉、财富与家庭圆满上，其实，刑案也关乎家庭成员的生死凋零。

关于怎样办出生证和医保，我后来问到了，需要梁山写申请给他的管教，再写委托书给他的老婆，杨小梅再凭委托书和离婚证去拿。

关于梁山的儿子，后来11月准备开庭时，杨小梅说想带来给梁山看看。我讲，因为警察也找她问过话，有笔录在档案中，所以她的身份在法律上是证人，在广州的法庭一般不允许旁听。我建议她慎重考虑，杨小梅后来便没有过来。

但从这段沟通可以知道梁山的儿子后来化险为夷了。

## 紧张开庭：善意＋激辩提示语

12月13日上午是开庭的时间。

根据之前的会见和阅卷，我向法庭披露了案件的真实一面。

2016年5月，杨思齐买下了2013年成立的联宜，2017年年初梁山的上品公司成立。2017年3月，华军合创等公司与上品公司开始业务往来，4月上品公司和联宜签约合作，7月30日，杨思齐因涉枪案被刑拘，次日，梁山受托代为管理日常关联业务，8月20日退出。9月底，联宜的财务人员被刑拘。

从时间上看，上品与联宜是先后成立的两个独立的公司，只有短短3个月的业务往来，而且梁山的业务与涉案公司有着根本区别。

案子的核心，有三个点：一是梁山是副总裁，二是帮杨思齐公司转账，三是受托管理公司。

但支持上述不利指控的115名报案人的材料中，无一人指证梁山，而15名被害人陈述中，亦无一人指控梁山。这样，剩下的对梁山不利的言词证据，就是梁山和第一被告人李氏。梁山的供述本身涉非法取证，李氏则当庭否认自己这样说过（估计当时没经认真检查就签了名）。

既然言词证据无一能站得住脚，就要回到案件的客观性证据。

根据在案的银行流水，梁山没有从转账中获取任何收益，且转账记录显示，梁山有自己的公司且有大量合作伙伴，并非专为联宜供应商品。

案件也有一些视听资料，主要是联宜发展业务的活动，与梁山无关。

同时，在案证据可反映，梁山仅参加过一次招商活动，且没有上台讲话，也没有讲课培训，虽然应急帮朋友代管公司，但当时不知朋友涉非法集资，代管仅有短短21天，没有获利。

再者，案件在审查起诉阶段，就存在非法证据没有排除的问题，在审判阶段庭前会议中也已提出却仍没有得到解决，这些通过非法方式得到的证据，都不应成为指控梁山构成犯罪的证据材料。

这次庭审，几乎上午11点钟才开始，中间，4名被告人和辩护律师的轮番发言已经被严重压缩，到12点钟，法官更着急，反复要求已提交书面意见的，不要再重复。

我在发表辩护意见时，提醒法庭："我的辩护意见只有15分钟。"

看到法官瞬间挠头的姿势，我迅速改口："我再压缩到6分钟，保证和之前的质证意见、纸质法律意见不重复。"

法官这才微微苦笑，让我继续。

发表辩护词时，我看到法官着急的神情，在最后阶段，看着表，再一次提示："最后20秒钟……"

后来同案辩护的李伟律师说，其实我的发言，何止6分钟，已经差不多20分钟，但并没有再被打断，这和一次次清晰的提示有关。

这个案子的发问，从精心设计的第一个问题开始，每个个问题，都成了投向错误的重磅炸弹。我这样发问的结果有点小意外，那就是让另外三名辩护律师，都在质证、辩论时，调整了辩护策略，原来的罪轻意见，都改成了无罪意见。

中午1点多休庭。法官一边收拾桌上的文件，一边仍和公诉人、律师讲案子中的问题。

实务中，有一种说法，就是不能提无罪辩护，否则会让法官对你印象不好。

其实，如果不充分发表当事人无罪的意见，在本质上就是失职，只不过，发表意见的同时，要注意法庭礼仪，不应张扬无礼，在特定的情况下，要善于运用恰当的方法。这里时间上的提示，就是一种有效的方法。

对于这名法官，因为庭审时间过于紧张，我和他之间没有更多的沟通，从最后的审判结果来看，我应该记住他、感谢他。

在梁山案的辩护中，共产生了20份法律意见、图表，甚至对整个案件法律关系的全部分析，也以一张图表的形式反馈给法官，方便了法官从整体上把握案子。

## 三宴之得：惊闻深渊之上的欢笑

随着梁山出狱，这个案子背后的故事，才真正揭幕。

10月18日，梁山从广州第二看守所出来。

原本迷信江湖规则总想通过找关系以及讨好侦查人员逃避减轻刑责的梁山，他对我的感谢，有点超出我的预计。

虽然尽责地给他辩护，但大多工作是隐于他的视线之外的。

一遍遍地跟检察官沟通案件的问题、一次次地和看守所打听探视和接送以及寄存物品的政策、给家属两年来的开解……这些，既是隐于他的视线之外的，也似乎与他最后的轻判没啥关联。

18日晚，在天河立交的椰子鸡，我见到了梁山。

蒸气氤氲的小锅旁，服务生一遍遍地上菜，隔桌子，有点落寞的梁山似乎强打精神，接受着我的祝贺。

聊着开庭的一些过程，聊着开庭到宣判之间长久的等待，聊着开庭的记忆。不多久，梁山像是下了很大的决心，问了我一个问题：

"苏总是怎么找到你的？"

"通过我一个研究生同学的前同事"，我微笑地看着对面的梁山。

梁山低下头，缓缓地说："我出事后，苏总打着救我的旗号，说是找关系要花钱，前后在我的朋友那里，拿了几十万元。"

我的笑僵在空中，变成了惊愕。

但更让人吃惊的还在后头。

梁山继续说："我刚进去的时候，公安来问话，还给我递烟，我还以为是关系在起作用，到后来签逮捕决定书时，才知道不是这么回事。

"我出来这一个月，周围朋友都问遍了，才知道，根本没有找关系，他也没有关系。通过开庭我也看到，都是律师争取回来的。后来，杨小梅也把你写的文书都给我看了。"

"还不停地跟我老婆要钱"，梁山仍然是慢吞吞地说。

"跟杨小梅要钱？"

几乎是瞬间，杨小梅崩溃号哭的一刻重回我脑海。梁山讲到的情节，到现在才补强了杨小梅那个阳春3月电话中号哭的压力来源。

以前听说过战争财，难道，还有刑案财？而我原以为单纯非法取证的专业问题，原来背后也掺杂着梁山"关系在起作用"的幻觉。

每个人，都生活在自己对这个世界的认识中。

递烟的事情甫一出现，在我和梁山头脑中的理解就已经分道扬镳了。

看来，战场上律师斗争的对象，除了专业的法律问题，还有当事人对关系的迷信。

直到梁山走出看守所后，宴请我时，才真正揭晓了案件背后，老乡假借找关系狡杀猎夺的真相。

作为律师，我看到的是，现实正狠狠地教训那些在专业问题上迷信关系且执迷不悟的人。只不过，这次的主角是梁山。

那次小宴后，我又想起曾经有过的第二次宴聚。

## 二宴之乐：回听落井之石的嗖嗖声

那次是2018年8月底，刚好在三宴前一年。

宴席间苏总聊到高兴时，讲起他们老家湘西赶尸的故事。

这是一个瘆人的话题，但因为是大中午，就只剩下猎奇的兴奋了。我记得苏总圆圆的大脸红扑扑的，堆满好客的笑。

宴毕，各自离开，苏总还送给我和小周每人一小箱红酒，说是朋友在做的生意，需要的话以后可以再给。

如果没有后来的三宴，这次小聚，也就成了人生多如牛毛的宴席中的一次，很快就要湮灭在记忆中了。

偏偏梁山在出来后，再次找到我，又讲起了苏总找杨小梅和其他朋友要钱"捞人"的情节，让这一次的宴聚变了味。

苏总旁边的老板，真实身份是什么呢？会不会是出钱帮梁山的朋友呢？而我以后来者的身份，会不会在对方眼里，又成了有关系的权力方呢？

二宴，极可能是一场苏总的独角戏，而我和小周都是友情客串的路人甲，边上的老板，是出钱看戏的金主。

肉菜、红酒、小资情调……都是戏中的布景。在一众人宴酣之乐的外表下，一场交易在展开。

这个案子，以三宴贯穿，有太多的沉重与拖沓，有太多至少在当时看来是无望的抗争与持续的坚守。最后的明亮的结果，因为三宴的出现，加深了悲伤的底色，而不能给人一点点对于人性体味的喜悦。

正如杨梅的美味不能突破包装箱的呆滞与沉暮气一样。曾经2.7亿元非吸案的第一犯罪嫌疑人，最终被定成倒数第一的被告人，实报实销。

可是观者不能体味到经历大案后，刑事律师内心的悲凉，对于人心体味后的深深的触动，这才是刑事案件的真正底色，这是一抹因现实传统迷信关系而带来的沉重。

正是从这个意义上来说，那水灵灵的甜美杨梅和最终成功辩护的结果一起，成了一抹光亮，让我惊叹，让我流连忘返。

# 第三章

# 荷籍老板对敲经营地下钱庄？
# 专业介入得自由

---

　　每一次成功，都是孤独、艰辛的
长途跋涉。但人心的救赎和沿途的美
景，值得刑事律师付出所有心智、毅
力与耐心。

# 南地北望：不能忘却的远征

2020年3月，坐在律所办公楼明亮的办公室里，望着窗外高耸入云的联排住宅雪白的楼顶，耳边是活跃的雀仔此起彼伏的啁啾，在整个世界都停摆的这个春天，我不止一次地想起邹先生，想起这起初定10多亿元的地下钱庄非法经营案。自然地，也会想起看守所会见等候时分晨曦初现的每一个早晨，想起看守所雄伟的尖顶炮楼，想起看守所门前不时停足踱步的白色飞鸟以及辽阔而平整的草地，还有散落其间的一两株细瘦的矮树。

2019年，新中国成立70周年大庆之际，平生第一次去到大庆市，始受托于7月，终开庭于12月。从草绿风清、青杏缀满枝头的凉爽盛夏，到哈气成冰、一片肃杀的寒冬，中间又经过了满眼金黄、普天同庆的10月。受东北当地一个跨境邪教组织案的牵连，荷兰籍当事人邹文生成了公安部督办案中的第一被告人。案子办理期间，最高院、最高检联合发布《关于办理非法从事资金支付结算业务、非法买卖外汇刑事案件适用法律若干问题的解释》。地下钱庄非法经营以前只能判处5年。公诉人对邹文生的量刑建议是6年以上。2020年1月9日，邹文生终被判处缓刑。

从2018年8月在首都机场登机时被截停，到2020年1月9日走出看守所，邹先生因为曾帮朋友阿虎转发一些账号而导致被羁押了一年零四个月。短短一年多，人世沧桑，荷兰甚至改变了国名为尼德兰（一说为只是纠正了以往的叫法），妻子因抑郁谢去了一头乌发，他却意外地因为看守所艰苦的条件反而多年的糖尿病被治愈。

对一个久居广州，在摩肩接踵的人群中穿行，俯仰间皆是握手楼和车水马龙，备受暑热潮湿与回南天困扰的我来讲，壮美的风光、宽敞的马路、凉爽的气候、稀少的行人，都让我对大庆这个北方油城倍觉新鲜。尽管2017年、2018年，曾在黑龙江七台河、吉林四平因办案待过1年多，但对大庆这个平地出新城的能源城市，更惊叹于其人工的伟力。铁人王进喜是与大庆齐名的，他的伟岸雕像、画像矗立在机场、马路边，大庆还专门为他建有纪念馆，而铁人正好和我是陕西大荔的老乡，这也给我平添了几分亲切感。

这里，又是邹先生的受困之地。在他被困第4个月仍前景黯淡时，其远在荷兰的妻子冯小兰曾在微信朋友圈悲叹："天空不再是蓝色的，空气不再是清新的，我的世界一片迷茫。"甚至疑惑："我是不是到了该走的时候了……"一年后，她终因相信法律而帮老公重见天日。

但在对邹先生的缓刑判决作出前，在一次次匆匆地行走在会见返回的路上，在一次次和孙法官电话询问开庭安排时，我也曾一次次疑惑：我所笃信的法治之光能降临于邹先生身上吗？曾经在东北黑土地上创造的一次次成功辩护的经验难道这次会折戟沉沙了吗？

一切，都要从2019年6月底的一个越洋电话说起。


## 越洋电话：初次见面唠粤语


2019年6月29日，准备出差常州金坛的前夜，晚上8点多接听了一个电话。看到那个异样号码的一瞬间，我意识到，之前在微信上沟通的冯小兰，真的身处境外。

电话中，冯小兰说她老公邹先生因非法经营地下钱庄，被公安抓了，但其实她老公没有搞地下钱庄，他有自己的生意。因为邹先生的表弟供述说都是邹文生转来的账号，所以给抓了，关了快一年了。冯小兰说，在网上看到我有地下钱庄非法经营的成功案例，才找到我的。

7月4日，我带齐委托材料去会见，结果看守所接待民警查询后告知，之前已委托两个律师，不能会见。

一番波折，见到了邹先生。他宽脸、高个子，热情谦和，和我一通粤语沟通，我把冯小兰想念他、担心他，所以帮他找专业刑事律师的情况和他讲了。

两个律师同时会见，沟通的时间和内容都没办法保障，但大老远来一趟，不可能只见一次，所以看着邹先生在委托书上签名完毕，留下李红（邹先生之前委托的另一位律师）继续和邹先生聊，我收齐东西便离开了。想着把要了解的细节再整理一下，下午再来。

## 会见风波：夹缝里冒出专业辩护

有一次会见，因为是上午11点就排的号，所以下午第一个就轮到了，结果被告知：邹文生现在开始不接受李红律师之外的律师会见！看守所办会见手续的大姐，还拿出了邹文生手书的文字，是在李红的委托书上，歪歪扭扭地写了一行字："大庆看守所，本程序只接受李红律事会见，不接受其

49

它律事。"①

如同晴天霹雳！被已经签名委托的当事人拒绝会见，在四年多的律师生涯中还是头一遭。

邹文生11岁去了荷兰，汉字不认得几个，怎么能写出这个"声明"？连声明上的律师，都有两处错写成了"律事"！

下午去检察院阅卷，拿到卷宗时才知道，案子很快会移交法院。回到酒店，一边阅卷，一边和冯小兰在微信里商量怎样处理会见的事情。

通过这次和冯小兰沟通我才知道，在委托我的背后，有着邹文生家属与前期律师李红的深刻矛盾。李红说冯小兰不可理喻，冯小兰说李红性格太强硬。冯小兰觉得案子里的问题一直问不清楚，所以想找专业的律师，但李红反对。李红越反对，冯小兰越坚决。这才有了我的出现。

其实，李红的烦恼，也是很多律师面对家属的问题的烦恼。比如，冯小兰经常的问题是："这个地下钱庄是不是要承担严重的刑事法律后果？你要教他怎样说才好，不然会不会很严重？"

冯小兰前期应该对这个罪名和新的司法解释都有所了解了，但一知半解的情况下，所有问题会一股脑儿倒给律师。

---

① 当事人所写即是如此，其中有错别字。

她的问题不是一两句话能讲清的，我只能慢慢解释。

我告诉冯小兰，邹先生因为之前的行为已经被采取刑事措施，正在承担由此带来的法律后果，只不过因为案子还在司法程序中，最终的司法结论还没有给出。但他要承担什么后果，承担多严重的后果，最终的结论怎样，必须基于在案证据，而不是单单看公安问什么或者邹先生说什么。相反，如果口头上说的与在案其他证据不符，反而会被认为有意逃避责任、有意抵赖，最终反而会加重处罚。

语音沟通中，冯小兰听得似懂非懂。

这次阅卷前后，我一方面要跟冯小兰解释，另一方面要向检察院递交法律意见，针对阅卷和后来会见了解到的案情，向检察院递交了不起诉法律意见、要求解除对错误查封财产予以解封的申请书、调取邹文生有正当经营的新证据申请书。另外，还要按家属的要求，全力和李红沟通。

好在，等我7月9日从北京办完事再回到大庆时，看守所已经撤销了邹文生拒绝我会见的声明。

## 发现硬伤：鸡同鸭讲你能听懂

7月10日的会见，邹文生说："张律师，国内给我表弟甄小强打钱的'有钱佬'，我根本不认识，国外给阿虎欧元的人，我也不认识。

"把阿虎的账号发给甄小强，不是我做的。我只是后来，到2018年年初，发了少部分，具体多少，也不记得了。我没有从中赚钱，也没有去记那些东西。我帮阿虎，主要是从他那里打钱给国内，可以免收我的手续费。这些钱，都是我自己的钱，另有一些是我老婆那边的亲戚的。"

邹文生汉语表达一般，但上面的内容，在后期接触中，他始终可以完整清晰地表达，意思连贯，内容一致。也是这次会见时，我发现讲到具体钱的来源，讲到自己被讯问的过程、归案的细节以及在荷兰的学习经历时，他面部表情生硬，脸上似乎都在抽筋，嘴张得很大又合上，戴着手铐的双手也举起来想配合，却只能重复地发出"啊""嗯"声。坚持五六次后，他问我能不能给他请翻译，这样他在开庭时，可以清晰准确地把自己的意思表达出来。

我在笔录上记下来。

翻译问题是邹文生案子中的一个硬伤。侦查阶段就应为他聘请翻译，而邹文生的问题又恰好在于，表面上他可以讲汉语，但专业和详细的内容又无法准确表达。邹文生初中、高中都是在荷兰完成的，大学毕业于著名的格罗宁根大学（荷文：Rijksuniversiteit Groningen）。邹文生通英文、荷兰文、西班牙文，粗通中文，但对中国法律及案件细节陈述的晦涩汉字并不理解。

《刑事诉讼法》第九条规定，对于不通晓当地通用的语言文字的诉讼参与人，应当为他们翻译。

《最高人民法院关于适用〈中华人民共和国刑事诉讼法〉的解释》规定，讯问不通晓当地通用语言、文字的被告人，应当提供翻译人员而未提供的，该被告人的供述不得作为定案的根据。同时规定，人民法院审判涉外刑事案件，使用中华人民共和国通用的语言、文字，应当为外国籍当事人提供翻译。而外国籍当事人通晓中国语言、文字，拒绝他人翻译，或者不需要诉讼文书外文译本的，应当由其本人出具书面声明。

然而一方面，荷兰语是一个小语种，翻译人员难找，所以办案部门因陋就简，能省则省了，侦查、审查起诉、审判时都没有翻译。另一方面，邹文生长了一张中国脸，这让他这一外国人享受了"国人待遇"，而他面临的是最高可达十五年的重罚。

邹文生所涉案件于2018年3月案发，案件移送审查起诉期间，2019年1月31日，最高人民法院、最高人民检察院专门发布了《关于办理非法从事资金支付结算业务、非法买卖外汇刑事案件适用法律若干问题的解释》，明确非法经营数额"情节特别严重"的标准。在此前，由于没有司法解释的具体规定，地下钱庄非法经营的判处不会超过五年。而新的司法解释出台后，达到"情节特别严重"的会面临5年以上有期徒刑。

这个标准就是：非法经营在2500万元以上的，或违法所得数额在50万元以上的。

这个案子在我接手后，起诉书上认定的涉案金额是2.8亿元，而邹文生的"下线"甄小强的获利金额被认定为181万余元，这也意味着"数额辩"将是一条死胡同。

成功辩护，必须回归法理辩。

## 海外"浮世绘"：亲戚朋友好办事

这个案子中，邹文生被指控的是一种"对敲式"地下钱庄经营行为。邹文生的行为，包括通过阿虎帮忙换汇1900多万元，以及2018年以来，偶尔帮阿虎免费发转账的账号。会见、初步阅卷后我确定：换汇本身不构成犯罪，在提供转账金额及次数事实不清、证据不足且无获利的情况下，也不应认定邹文生构成犯罪。

根据公开报道，邹文生所涉非法经营案的源起，是黑龙江于2017年6月在大庆市查办一起邪教案时，拔出萝卜带出泥顺带着挖出来的。该源头案件开庭前，公安部于2018年3

月，将循线发现的林厚力等人涉邪教地下钱庄非法经营案移交黑龙江省公安厅侦办，并层层下移到区公安局。区公安局办案民警根据银行流水，先在6月25日到广东恩平抓了甄小强，又根据甄的供述，网上通缉后，8月24日晚在首都机场拘捕了邹文生。警方还另外抓获了北京、福建、浙江、广东等地的宋仁飞等5人，指控他们共同参与了以邹文生为首的地下钱庄非法经营，宋仁飞等5人后来被分案处理。

根据公安机关于2018年12月出具的《起诉意见书》，2017年9月以来，甄小强所持有的银行卡总汇入款项18.89亿多元，总汇出19.20亿多元。

当我后来知道，邹文生在鹿特丹等五个城市共有十处餐厅、杂货店等物业，年收入50万欧元时，我就会想到7月10日会见时，邹文生的一句话：

"张律师，我是有钱人，不会做犯罪这种事情。"

买卖外汇，对照《外汇管理条例》，包括私自买卖外汇、变相买卖外汇、倒买倒卖外汇、非法介绍买卖外汇。这四种情况中，私自买卖外汇、变相买卖外汇、非法介绍买卖外汇是违反行政法规的行为，对涉及数额较大的，一般由外汇管理机关给予警告，没收违法所得，处违法金额30%以下的罚款。而只有倒买倒卖外汇，才可能构成非法经营罪。也就是说，以营利为目的赚取差价，是非法经营地下钱庄构成犯罪的核心特征。

"对敲式"地下钱庄，是借助发达的即时通信，一方在境外收入外币，同时，指令关系人在国内支出人民币，并收取费用。反过来，在境外支付外币而在国内接收人民币也是同样的道理。从表面上看，"对敲式"，是变相买卖外汇，是否触犯我国刑法，需要从实质上看其是否存在倒买倒卖行为。简单地理解，单纯规避国家外汇管理规定，包括换汇，只构成行政违法，而只有以倒买倒卖外汇为业营利，情况严重的，才构成犯罪。

以境外收取外币的对敲式经营为例。在这个交易链条中，有四方角色：第一个，是境外赚到外汇，需要打钱给国内的华裔；第二个，是境外地下钱庄的经营者；第三个，是地下钱庄在国内持有一定资金量的"有钱佬"；第四个，是人民币账户持有人。四个角色缺一不可。现实中，境外的地下钱庄老板和国内的"有钱佬"，可能是夫妻或亲戚关系，总之是亲亲爱爱一家人，都是事实上的地下钱庄老板，靠持有的海量资金可供随时支付以获利。

具体运作中，持有外币者，将外币交给境外的地下钱庄经营者（多数情况下为餐饮店、杂货铺、小超市经营中收取的现金）。地下钱庄经营者就会通知国内"有钱佬"，代为支付对应额度的人民币至外币持有者指定的国内账户。

这一交易看似隐秘，实则国内银行可以通过对异常账户的监测，发现大额资金往来，并循线追查。这让国内账户也成为一种资源，而持有账号者，也可以加入这一交易链条中，分一杯羹。

邹文生的表弟甄小强，便是账号持有人。手里的账号，包括甄小强本人的，也有通过他的妻子、母亲等人身份证在多家银行开办的银行卡或存折。

邹文生在这个链条中的位置，就是曾经为境外地下钱庄老板阿虎提供过甄小强的账号。

这个案子里的问题是，邹文生并不收取费用，而只是义务帮忙，这种义务换得的"好处"，是阿虎会帮邹文生将境外赚取的外币，免费汇往国内。另外，邹文生也没有提供全部阿虎所需国内资金收支的账号，阿虎使用过的甄小强的银行账号，绝大部分是通过案外人甄大能等人完成的。

这是一张密密麻麻的交易网，也是一个多姿多彩的海外华裔真实的生存样态。有人赚钱，有人帮忙，友情与交情及生意并存，和许多其他领域是一样的。

当然，拥有资金，与仅仅拥有银行账号，稀缺性不可同日而语。相应地，拥有大量资金的经营者，盘踞交易链条的顶端，他们才是真正的"大佬"。而仅有银行账号的，比如甄小强，并没有议价能力，只能看大佬脸色，拿点"散碎银两"。

甄小强前后共参与了36个月。前7个月按经手资金的
3‰领取"工资"，接着5个月按经手资金的1.5‰领"工资"，
另外24个月，都是按每月固定1万元领取工资。

账号提供者议价能力的低下，当然也有随着资讯发达，
获取国内账号变得越来越便利的原因。经营圈中，就有大量
可供双方获取所需资源的QQ群、微信群。

同样是由于资源稀缺性不足，邹文生干脆乐得做个顺水
人情，反正他有自己的生意要打理。只要阿虎按行情给甄小
强几个零花钱，自己并不参与利益分配，但有时会找阿虎帮
帮忙，把手头上的欧元汇往国内。2018年年底前后的几个月
里，前后共往国内汇了1900万元，其中有自己的钱，有家族
亲戚的钱，都是在国外出租物业和经营餐馆赚的钱。这些钱
后来用来在广东中山等地购买商铺10多套。另外，邹文生和
表弟甄小强，都不在对敲式经营外汇交易的QQ群、微信群
里。他们显然都处在地下钱庄生态链的底层，邹文生则属于
无利可食的"边缘人"，偶尔友情客串一下，在阿虎和甄小
强间牵一下线。

在这张交易网中，为了确保自己存在的价值，任何人都
不会将自己所掌握的信息泄露给上、下家。也就是说，阿虎
与甄小强，不能直接联系，而必须经过邹文生或甄大能。

也就是说，免费归免费，规矩不能坏。

另外，虽然邹文生是免费帮阿虎，但阿虎逢年过节，不时会给邹文生一点"茶水费"，以示感谢，每次有1万元。这种朋友间交往的礼金，相当于朋友遇到红白喜事给的"贺礼""白金"，或者相当于过年给朋友小孩的"压岁钱"。由于和地下钱庄经营资金没有关联，所以不是非法所得。

7月10日会见完，终于理出了案子的头绪。核心问题是，甄小强只是个小角色，而根据证据，邹文生只有行政违规行为，指控的2.8亿元犯罪部分事实严重不清，证据真伪混杂，却被当成系列罪案中的第一主犯处理。在案件所涉的交易网中，彼此都是单线联系。在甄小强这个节点上，发生交往的除了邹文生，还有甄大能。甄小强并不知道阿虎的存在，也不知道自己持有的账号上进出的钱款为谁所有、所用为何。甄小强仅仅是按照邹文生或甄大能的要求付款、收款。因此从甄小强的角度来说，所有事情都是表哥邹文生或甄大能安排他做的，工资也是按二人意思，在经手款项中扣除的。但实际上，邹文生并不认识阿虎在境外的客户，也不认识国内转款的"有钱佬"，邹文生只是传达阿虎的旨意，邹文生并不收取任何费用一事无须向甄小强讲，甄小强自然也不知晓。

可是一旦归案，从未离开温润广东的甄小强，面对侦查人员的攻势，便半自行脑补，把所有非法经营都说成了他甄小强和表哥邹文生一手完成的。

这是我对案件的复盘。

其实在甄小强的住处还搜出了4个记账本，上面清楚地记录了甄小强每一笔交易的金额及账号、联络人。其中联络人，要么空着，要么就是甄大能，没有邹文生。但有意无意地，甄大能在交易链中被"忽略了"，连4个记账本，在进入法庭前也消失了。

邹文生所知道的是，阿虎的本职是做贸易的，包括奶粉等海外代购款积少成多，积累了大量资金，但邹文生与阿虎只是朋友间认识偶尔相互帮忙，邹文生没有去过阿虎的公司，阿虎每次要转账时会来邹文生的商铺当面交流。甄大能没有归案，阿虎没有归案。邹文生现在被指控成地下钱庄的老板，和甄小强一起，要为2.8亿元的地下钱庄非法经营买单。


## 准备开庭：万里絮叨只因为爱

7月10日，是和邹文生第一次完整深入的沟通。两天后，检察院提起公诉。所以这个案子从接手开始，就面临着开庭。而真正开庭，是在6个月后。

其间，曾在国庆前，收到家属打听来的消息，说9月23日要开庭，我却没有收到任何通知，后来也没有下文了。一个月后，在10月底和法官沟通，电话确认开庭时间仍悬而未决。11月5日，第四次和法官沟通之后，收到法院发来的短消息，确定14日开庭，8日却又来电话说因检察院需补充调整证据而延期。12月初，通知12月10日开庭。

这6个月中，共跑了大庆8趟，有3次住在漂亮的枢纽站边上，大多数时候住在离看守所稍近的万达广场。在枢纽站附近虽然时间短，但常常有一个错觉，就是一直住在那边，人的记忆真是太奇怪了。现在想起来，是那大片大片茂密的杏树和高大的绿化在一次次的穿行中给人印象太深了。

枢纽站是抵达大庆第一晚的落脚点，后来研究案件和阅卷，要去到万达附近的咖啡店。来回五公里，我喜欢在初夏的凉风中，沿着笔直的世纪大道快走。中间路过市中级法院、人大的雄伟大楼，半隐在高大的人造林间。有一次中午走回来的路上，赫然发现路边居然是大片大片的杏树，结了繁盛的杏子，挤挤挨挨、密密麻麻的果子把树枝都压弯了，地下树叶间也铺了一层果子。蓝天、白云、绿树之间，宽敞的马路上，偶尔有车辆疾驰而过，我仿佛进入了一片无人区。有的杏子已经变黄了，摘下来瘦瘦扁扁的，放嘴里一咬，酸、涩。

后来问出租车司机，司机说那是绿化杏，没人吃，再过20天都熟透时，当地人会捡来取核做枕头，可以治颈椎病。

我最终没有遇上杏子熟的时刻，住在万达的时候，常穿过世纪广场去黎明湖，曾专门绕到最南边的游船码头，放眼浩荡的湖面，有时竟然能看到海鸥在飞。大庆又称"百湖之城"，但有的的士司机听到会一撇嘴："啥湖呀，不就是臭水泡子嘛！"原来，现在的湖面，都是就地取材，把原来当地的天然水泡子疏浚、连通后整修的。这其中，黎明湖算较小的一个，成宝湖却是最便利的一个，就在市政府对面的世纪广场后面。隆冬季节，冰封的湖面上，在木板搭成的栈道上反而会碰到人，似乎比其他时间人多些。会不会是南方人过来看雪的呢？

　　9月25日，正是各地迎七十大庆气氛最浓烈的时候，晚上去万宝湖的路上，雄伟肃穆的大庆市政府大楼前，两边沿地脚的矮篱，打上红底白字的标语，左："热烈庆祝中华人民共和国成立70周年"，右："热烈庆祝大庆油田发现60周年"。在华灯、绿树、彩灯映衬之下，煞是好看。这对标语，精准地写出了这个城市与国家的命运息息相关。

　　6个月里，更多的时候，是穿行在家属的漫无边际的问题与紧张情绪里。像大多数无头绪的咨询者一样，冯小兰的大多问题，也是无解的：

　　"张律师，工作进展得怎么样？"

　　"你研究了该怎么做了吗？"

"张律师，你觉得现在最大的问题是什么呢，有解决的办法吗？"

"你也已经跟了挺长时间了，应该大概了解清楚了吧？"

"张律师，早，这几天工作做得怎么样，有什么进展？"

……

虽然问题沉闷，但刑案家属的担忧、困惑是共通的。尤其像冯小兰这样，从委托到案子办结，都没有和我见过面，换位想想，紧张律师的工作，也是正常。刑事案件的案情是要保密的，我也没办法给冯小兰法律意见书。这种情况也更加剧了她的担心吧，毕竟，远隔万里、未曾谋面就委托我，在很多人眼中可能也是很挑战神经的事情吧。每想起这一层，我也会想起冯小兰给我的一段微信，真切地诠释了网络时代刑事案件家属委托时的心情：

"张律师，虽然我们素未谋面，不认识、不了解对方，但是我相信这个世界人与人之间既然选择了就要信任，我现在选择了这几乎比我生命还重要的事托付给你，我希望你也能一样对我，尽心尽力帮我将事情做好，我将会感激不尽，多余的话我也不懂得多说，希望张律师能真诚尽心地帮帮我就好，谢谢。"

于是，在紧张的会见的路上，在去往检察院或法院的路上，在书写法律文书的间隙，我点点滴滴、积少成多，把刑事律师的工作方法告诉了冯小兰。汇总起来，大致如下：

律师的特点，是要综合法律、证据和案子中的问题反复核实，一个是往细里做，一个是往深里做，不断地找到可以支持自己的观点与案例，不断精炼自己的表达。只要案子没到开庭那一天，研究就要继续，完善就要继续。虽然介入得晚，准备的时间短，但专业的律师有专业的方法，时间上也更充裕，这一点是优势，所以时间较久，对邹先生并非不利。根据以往的经验，拖得越久，越表明案子是有问题的，往往未必结果就不好。在长久的时间里，律师除了研究问题，也会研究案子中的问题要怎样表达，怎样说更能直击要害，更能说服法官，更能打消法官的顾虑。一遍遍往深往细里钻，实际上和检察官是从不同方向、不同角度去消化案子。律师并非要和检察官对着干，有时候，等检察官也对案子问题有了足够的认识，在法庭上的沟通，也就有可能达到殊途同归的效果。归根到底，这个过程，就是作为法律共同体的检察官、法官、律师，一个求同存异的过程，一个消除分歧的过程。

专业的法律问题和家属沟通，要尽力地浅白让人理解，但有时也只能用专业的词语，家属结合语境、通览全文，相信也能明白。

冯小兰读初二时去了荷兰，所以她的语言相对单调、直白，较多重复。但是也有例外，那是10月28日晚连夜写的一封家书，让我第二天带进看守所读给邹先生的。这次书信把对亲人的思念诉诸笔端，感情细腻，平实之中可见用情之深，整篇一气呵成、直击人心，让我对冯小兰刮目相看。到现在为止我都相信，感情，才是最好的写手。这封信，也能让刑事律师意识到，自己肩负的，是别人时刻不息的真实感情与生命的呼唤。

## 缓刑问题：外国人适用的罗生门

冯小兰找我的初衷，是希望邹文生能判缓刑，但接手后发现，之前的委托人是中国人，这个是外国人，真要缓刑，还要打通法律上的通道。

根据我国法律，缓刑，是在一定期限内附条件地不执行所判刑罚的制度。其前提，是对触犯刑律，经法定程序确认已构罪、应受刑罚处罚的人，宣告定罪，暂不执行所判处的刑罚。虽然刑法并没有排除外国人适用的条款，但外国人的居住地一般在国外，因此实务中一般适用驱逐出境。驱逐出境是针对外国人的附加刑，可以独立适用，也可以附加适用。

虽然法律不禁止对外国人适用缓刑，而且也没有规定只能驱逐出境，但实际案例基本不支持缓刑的辩护意见，往往驱逐出境。虽然如此，例外的情况也并非没有。在一起走私、贩卖毒品案中，也门国籍的被告人因犯贩卖毒品罪，被判处有期徒刑三年，缓刑三年，并处罚金人民币5000元。分析这个案例可以发现，外国人在国内有住所是判处缓刑的重要条件，也门国籍的被告人之所以被判处缓刑，就因为他住在浙江省杭州市西湖区。

这个案例给邹文生带来一线希望。无独有偶，在起诉书中，邹的居住地，恰好在广东恩平。

## 沟通法官：专业上门讲道理

宽大的办公室里，李法官一个人坐在办公椅上，见我进来，示意我坐沙发，我把手上的书面材料递给她，坐在茶几旁。相隔三米左右，沟通了半个小时。

我意识到沟通的机会来之不易，先从涉案财产讲起。我说，不应该扣押邹文生中荷公司名下的房产，因为根据在案证据，已经非常明确，这些房产是邹文生和他的亲戚以荷兰的合法收入，通过朋友汇入国内后购买的，每一笔都有对应的数额，都有对应的所有权人，由司法机关扣押处理是不对的。邹文生通过阿虎把钱汇入国内，目的是买房置业，合法投资，这样的操作，当然不是犯罪。起诉书还指控邹文生通过把甄小强掌握的账号转给阿虎，共涉金额约2.8亿元，但这些转账存在证据客观性不足的问题，除了同案人甄小强，大量的人证中无人指证邹文生。这个案子中，对于能证明邹文生让甄小强转账的微信截图，全部没有调取。甄小强供述自己有4个记账本，都没有附卷。对于甄小强所持账户，邹文生否认全部由自己指令操作，也无法得到在案其他证据印证的记录。邹文生确实帮阿虎转发过一些账号给甄小强，但只是偶尔为之，包括他的笔录中都说自己没有赚钱，所以具体数额不记得了。这一点也可说明邹文生不是以营利为目的，只是朋友间的帮忙，这种情况不能认定为非法经营。能证明起诉书所指控事实的，只有邹文生和甄小强的供述，这样的证据存在严重问题，以此认定邹文生构成2.8亿元的非法经营罪，不符合证据证明标准，属严重事实不清、证据不足。

李法官是刑事审判庭的庭长，她平静地望着我，坦诚、平和，和一些大城市法官的大嗓门、快节奏有很大不同。李法官不时也会应和一下，她知道我当过警察后，问了我几句原来工作的岗位。整个沟通中，李法官的谦和给我印象很深，我自然也讲得比较和缓，准备着随时被提问。

讲完后，我提出还没拿到邹文生的起诉书，想要拿一份。李法官说："可以。"然后站起身，到书柜前，挑选着取出一个盒子，抽出一份给了我。

9月底、10月底，都电话和主办法官沟通过，这时的联系法官成了孙法官。

## 冬日庭审：控辩对抗的演义场

这是一场压抑却不失激烈的庭审。

压抑在于控方最初的咄咄逼人，激烈在于后面专业意见碰撞的火花劲爆。

审判长敲下法槌，庭审开始。

在发问阶段，我对邹文生的发问，重点包括他的学历问题，其中又分开问国内学历和国外学历分别是怎样的。邹文生对中文的熟悉程度、能否读写、能否完整辨认笔录所记录的内容都是重点。关于邹文生所转款项，其中1900万元是在荷兰做什么的收入，都有谁的收入，打入国内用于做什么。只有让法官明白这些，才能明白这笔钱不能当成非法经营的金额。对全案指控的2.8亿元的数额，要问邹文生总共帮阿虎几次，以及逐笔转账的金额和持续时间，转账时阿虎告诉他这些款项的用途和来源，邹文生帮阿虎有无获利，都是关键点。在这个基础上，要问邹文生有无加入专门换汇的QQ群、微信群。对甄小强，确认每次是否都是邹文生让其打钱，钱是谁转来的是否知晓，甄小强的"工资"怎样扣除等，是我准备问的问题。当然，对非自己的当事人，所有问题都存在高度风险，需要根据庭审调整并灵活应变。

发问像跳竹竿舞，需要准备一个提纲，但又要随时调整，对公诉人问过的问题，对前面回答过的对当事人不利的问题，都需要随时调整，随时可能需要放弃，或者需要调整切入角度。

出乎意料的是，我暖场完，刚问到第二个问题，公诉人突然大声说："我反对！"理由是我问的问题他已经问过了。

其实在暖场时我已表明，和公诉人相同的问题，我如果提问会从不同的角度切入，但我知道自己发问的任务重，没必要在细枝末节上纠缠，便在法官作出反应前，在公诉人话音刚落时声明："我发问的角度与公诉人有所不同。但，鉴于公诉人反对，我接着问下一个问题。"

庭审中有许多技巧，控辩双方之间的磨合便是其中之一。虽然我也会根据庭审需要慷慨激昂，但总体还是要看庭审效果，要预测对庭审秩序以及在场者观感的影响。这次在公诉人反对后，应声而起的声明，事实上也缓和了对立情绪，公诉人直至庭审终止，不再有"反对"，这让后面的对抗全部集中在了案件的焦点事实和证据上。我认为这种技巧，适用于孤军深入外地的专业技术型辩护。

对邹文生案，我认为案件的重要线索就像草蛇灰线般潜藏在案卷材料中，这个线索就是"QQ群、微信群"。根据公安部指定管辖案件的涉案人员名单，岑某某赫然在列。岑作为邹文生案的证人，也是另一案的被告人。岑的供述说，自己是通过QQ群、微信群接收或支出外汇的。当然还有在案其他人讲到QQ群、微信群。那么，这个QQ群、微信群就是地下钱庄交易的重要信息汇聚点。将其与邹文生帮忙的阿虎结合起来，会有三种结果：（1）阿虎如果也在外汇买卖的群里，则阿虎完全可能抛开邹文生，直接与人民币买家、卖家联系，这样，阿虎就是真正的外汇非法经营者。（2）如果阿虎不在这样的群里，则阿虎极可能不是专门从事外汇非法经营的老板，不能排除其是真正的海外代购者，只是偶尔通过熟人关系帮自己解决资金跨境的问题，阿虎与邹文生之间是互相利用自有的信息资源、互相帮助的关系，对这种不以营利为目的的换汇行为，当然不能认定为非法经营，这样，不管阿虎，还是邹文生都不构成非法经营。（3）还有一种可能，即阿虎一部分外汇通过其他人有偿转账转出，另一部分通过邹文生帮忙无偿转入、转出，则只有在阿虎利用邹文生帮助的这部分资金，并非自己的自有资金，而且从中获利的情况下，才能认定为非法经营，但由于阿虎目前不在案，所以，无论是阿虎的是否具备经营的主观故意构成要素，还是其具体非法经营的模式，都无法查证，在邹文生没有获利的情况下，事实存在多岔口分歧的可能，以现有证据认定邹文生构成非法经营，不能达到证据确实充分的证明标准。

当然，这个问题本身也过于庞杂，照自己的思路问下来，需要严密的封闭、半封闭的问题设计与引导。虽然之前准备时将其作为备选内容列出，但在庭审中，只好压缩作为弹药，放进最后的法庭辩论部分。

在质证环节，控方出人意料，以"指控的内容为顺序"展示证据。

这是一个打破证据种类的顺序，也不是逐件质证或分组质证，实际上就没有了顺序。但庭上交锋，招式不重要，重要的是准备得扎实。我习惯上通过顺序质证和综合质证，对疑难案件进行不同方向上的"切割"。所谓综合质证，就是从犯罪构成要件到在案证据所存在的核心问题——罗列。虽然也有一种表格质证，其实是将不同的内容，装入格子而已，万变不离其宗。这样经过不同方向切割的准备，让我在接下来的质证中能抓住案件中的问题，在对方打乱的证据中穿梭，迅速稳住了阵脚，开始一一暴露案件中的问题。

质证是刑事案件庭审的关键环节，真正揭示案件证据问题，能决定案件的走向。现实中的问题，主要是不少律师把质证意见弄成了辩论意见，让法官如坠五里雾中，结果就会出现"你辩你的，我判我的"。因此，质证的一个基本技能，是抓住对证据的客观性、合法性、关联性质证。也有人说，是"真实性、合法性、关联性"。其实真实性与客观性不是一个层级的评价，在邹文生案中，区分这两个就非常重要。对这个时空隔离人与人之间没有物理接触甚至上下线之间根本不认识的案件，没有证人的直接指证，而侦查机关也没有调取到有力的书证、电子证据等客观证据。有的只是邹文生与甄小强的供述，这些内容都是主观证据，稳定性和确定性不足。因此从全案证据来看，是缺乏客观性的。而真实是指与事实真相相符合。言词证据是主观性证据，是非客观的，但可能是真实的。邹文生案中，二被告人的言词证据也有真实部分，如邹文生讲自己在荷兰有正常的生意、有稳定的收入等内容是真实的，都有对应的证据，与在案其他证据可以印证。在一些案子中，在某些事实真相本身是待证事实的情况下，径行发表某一证据真实或不真实的意见，会让听者不知所云，不能让法官信服。

## 重要证据：该出手时就出手

质证中提及一份材料时，检察官有些含混，我提示他重复后，希望当面审查该证据。法官当即让法警给我拿了过来。

这是一份由邹文生辨认后签名确认的发送账号的微信截图，邹文生曾向我反复提及，我也在证据卷宗中看到过，但我之所以专门要求当面审查，就是因为这是一份关键的证据。

在这份A4纸打印的书面材料上，邹文生确认图中的手机截屏，是自己通过微信发给表弟甄小强的，让其给蓝花花转账7万多元。

我首先对证据的客观性和合法性予以认可，然后拿起这张纸向法官展示，指出："这是在案唯一与邹文生直接关联的实物证据，应为电子证据，但辩护人对以其指控邹文生构成2.8亿元非法经营罪的关联性，不予认可。很明显，单凭7万元的转账信息，无法对应2.8亿元的指控数额。"

言词证据历来是公诉人所关注的重点证据，本案因为"对敲式"地下钱庄经营的特点，所有人之间没有物理上的接触，所以没有任何人指证邹文生，只剩下邹文生和其表弟甄小强的讯问笔录，二人问题相通。

对邹文生共有14次讯问笔录。邹文生承认自己是帮阿虎的，而26名地下钱庄经营的联系人邹文生都不认识，也没有过任何联系，事实上，那都是阿虎的关系人。结合在案其他证人证言可以知道，阿虎被多次提到，阿虎是真实存在的。按照邹文生的供述，他是无偿帮阿虎的，阿虎也无偿帮邹文生换汇，这属于朋友间的好意施惠。结合邹文生讲自己与妻子在鹿特丹等地共有10家餐饮或商铺经营或出租，且有稳定的收入，可以印证其没有从事犯罪的主观故意。

# 全力质证：大珠小珠串起来

为了突破控方在示证时给法庭造成的模糊印象，我决定把重点放在综合质证上，因为前面一直在赶时间，这时刚好时间上较充裕。

在控方所有证据出示完成后，我开始发力：

"邹文生被指控的犯罪金额中，有一部分是明显不构成犯罪的。那就是邹和其家族的1900多万元。

"邹文生将其个人或家族，在境外的合法收入通过亲友帮忙，转回国内，是换汇，不应被认定为非法经营。对依据现有证据认定邹文生在该部分款项上构成非法经营罪的关联性，不予认可。

"原因是，非法买卖外汇，是指以人民币或者其他方式进行外汇交易，一方付出外汇后收取价金，另一方支出价金后取得外汇。邹文生通过阿虎和甄小强的账户，将自己的合法收入转入国内。买方是邹文生，卖方也是邹文生，这当然不是买卖外汇的行为，而是一种换汇的行为，不构成犯罪。"

案件的核心问题是指控邹文生帮阿虎转账的2.8亿元，我认为其中存在"客观性缺失、真实性存疑、合法性不足"的问题。

"先从证明效果看，邹文生本人在此过程中，不存在非法获利，这不符合非法经营罪的构成要件。

"从证据角度看，邹文生涉嫌犯罪的关键事实是建立在口供基础上的，而且邹文生的供述本身又存在真实性存疑、合法性不确定的问题，在没有任何书证、电子证据佐证，也没有证人指认的情况下，本案的核心证据不具有客观性。

"'对一切案件的判处都要重证据，重调查研究，不轻信口供'是我国刑诉法的规定。邹文生自幼在荷兰长大，受到良好教育，拥有荷兰知名大学的文凭，能用荷兰文流利地听说读写，但不能流利地使用中文，在包括今天开庭的过程中，邹对复杂的案件发生过程中的详细情况，不具有准确的表达能力。当然，邹也不具有对汉字的准确书写和全面理解能力。

"恰恰在整个案件中，都没有口头告知邹文生具有聘请翻译的权利。辩护人认为，相关程序不能保证邹文生对于案件细节的供述后签名确认的笔录内容系其真实意思表示。本案未为邹文生提供翻译所取得的供述，真实性存疑。

"邹文生的供述也有违基本生活经验与逻辑。辩护人对全案所涉交易情况全部进行了统计，计算出与甄小强所持有的银行账号存在流水的11个交易对象、8个'钱庄'之间，共有大小833笔交易。如果按控方指控，认为邹文生对这些交易全部参与。也就意味着，对邹文生这样一个需要管理在鹿特丹等5个城市的10处餐饮店、商铺的老板来说，在长达3年时间里，同时还要免费帮朋友阿虎转账800多笔，不符合常理与逻辑，反推可知，邹文生辩解，其并没有帮忙转发所有账号，应当被采信。"

阿虎是本案中的关键人物，在辩论阶段说清他的情况前，也不能放过质证阶段的机会。

"阿虎是否犯罪事实不清，对根据相关证据认定邹文生构成犯罪的关联性不予认可。

"阿虎是本案重要嫌疑人，邹文生多次提到阿虎，说是阿虎找到自己，想要邹文生帮其处理代购海外产品的外汇。

"任红云在作证时，也具体讲了自己怎样认识阿虎、怎样从阿虎处买什么货、阿虎的银行卡号等信息。根据现有证据，不能排除邹文生帮阿虎处理的，系合法代购款项换汇之合理怀疑。

"既然如此，那么邹文生基于朋友间的信任，帮助阿虎代为转发换汇账号，这样的行为也是无罪的。原因是：换汇本身不构成犯罪，则阿虎不构成犯罪。阿虎作为实施者无罪，根据从犯从属性原理，邹文生的帮助行为同样不构成犯罪。"

质证阶段发表意见的关键在于，即使所阐述内容为当事人无罪，但也必须紧紧围绕证据三性。

"即使阿虎是从事外汇买卖的，但邹文生只是无偿提供了部分帮助，在犯罪数额不清的情况下，以甄小强全部涉案金额指控邹文生构成犯罪的关联性不予认可。

"根据邹文生的辩解，他仅仅是从2018年开始，通过阿虎向国内换汇，因为阿虎帮了自己，所以自己也给予阿虎一些帮助，帮发了一些图片。

"邹文生多次讲，自己不清楚甄小强用于地下钱庄交易转账的银行卡资金总额。而且说有其他亲戚也在帮阿虎发账号给甄小强。恰恰在案件证据中，任红云也说自己通过网站寻找中间人，而且这个人也叫阿虎。综合这些线索，不能排除阿虎通过邹文生之外的人联系甄小强的可能。

"综合这些证据，可以印证邹文生关于自己只是在2018年帮阿虎发了一部分账号的辩解，而这样的行为也合乎一般的生活经验和逻辑，能够解释为什么邹文生的帮助是无偿的。"

# 高光时刻：不存在的证据来帮忙

在长达3个多月的反复研究中，我发现侦查机关对不少有明显线索的证据没有调取，将其放进质证意见中，作为综合质证的最后一部分：

"从证明过程看，侦查机关没有循线对可以证明案件真实情况的书证、电子证据、人证调取或核实，导致证实邹文生在所指控犯罪中的证据缺乏客观性，无法达到确实、充分的证明标准。

"首先是在有明确线索的情况下，对邹文生与甄小强微信沟通内容的证据没有调取。在案卷宗中，侦查人员明确问到了邹文生与甄小强沟通的微信名、微信号。这时，只要调取微信沟通内容，就能查实邹文生是从什么时间开始帮甄小强转发信息的，共转发了多少。由于侦查机关没有调取相关微信记录，导致邹文生是否实施了被指控的犯罪和具体数额的认定，都没有电子证据的印证。仅凭现有言词证据给邹文生定罪，不符合证据客观性的要求。

"日前这部分微信沟通证据的缺失，也不能排除，相关转账由邹文生之外其他人使用，或者甄小强存在与邹文生之外其他人联系，而公安在提取到相关证据后，发现对指控邹文生不利，而没有附卷的合理怀疑。"

在存在明显线索情况下，没有调取的证据还有：

"对阿虎的相关证据没有调取。任红云明确讲到阿虎的全名，并讲出其微信号、银行账号，但侦查人员没有对相关线索进行任何核实。"

案件中还有重要物证和电子证据没有调取。

"有关甄小强买卖外汇的记录账目本没有调取。甄小强供述自己的电脑中有相关转账的记录，但侦查机关没有调取，导致能够客观反映案件真实情况的证据缺失。甄小强还讲，有4个记账本，其中两个黄色的是用来记录外汇交易进出的。但是这些证据都没有调取。

"由于目前，邹文生对自己参与转发账号的时间、次数有异议，提供相关书证，就能证明具体数额与参与对象，但相关证据没有调取，导致证明案件中有争议部分的证据，仅有邹文生和甄小强的供述。

"辩护人认为，以上证据没有调取，导致本案在邹文生涉案时间、金额上的事实不清，仅仅依靠被告人的口供，认定其从事了2.8亿元的非法经营犯罪行为，明显地不具有客观性。在案证据及《起诉书》所列明的邹文生没有获利，以及邹文生生活在境外，合法经营多家餐馆、杂货铺，可知其日常工作繁忙，在这种情况下，还要无偿参与到没有任何获利的长达数年的地下钱庄非法经营中，明显不符合基本的生活常识与逻辑。到目前为止，本案唯一的合理指向是：邹文生因为外汇使用的需要，曾通过阿虎、甄小强换汇。因为节省了换汇的费用，所以也帮朋友阿虎转发了几次银行账号。但邹文生具体帮阿虎转发的，是换汇还是买卖外汇的、具体截止时间怎样、具体转发了多少等，在案证据不能达到确实、充分的证明标准。"

对于来到法院阶段的案件，要实现无限地接近无罪，需要充分利用发问、质证、辩论的法庭规则，在揭示案件证据体系存在问题的基础上，在摧毁控方指控逻辑的同时，一定要建立起自己的一套述事体系。对此，我称之为"有破有立"。对"不存在的证据"质证，既要紧扣证据三性，又要从现在案卷线索延伸出去。这在凸显证据漏洞的同时，也在还原案子中对过于庞杂的线索有意切割后，欲以不足的证据错误给邹文生定罪的情况。

法庭口头质证之外，我还向法庭提交了一份书面的质证意见，这份意见彩色打印，对案件有问题部分特别标识，对一些不便在庭上细说的内容，通过阅读仍能发现问题。比如，其中有一部分对刘红云、初小妹两名证人的分析发现，刘红云与邹文生的行为完全一样，都是帮别人转款，刘的数额达8389万多元，但刘并没有被作为犯罪追究，而是单纯的证人。更进一步说，初小妹有专门的QQ群、微信群，专门为别人转账，但初小妹同样是作为单纯的证人出现。这里出现了一个悖论。即，如果认为刘红云、初小妹的行为不构成犯罪，那邹文生同样不构成犯罪。如果认为刘红云、初小妹属情节显著轻微、危害不大，而不作为犯罪处理，那邹文生也应该同样不作为犯罪处理。无论如何，用实施一个行为的人作证人，去证明另一个与其有着同样行为的人是罪人，这样有违基本公正观念。

## 法庭现场：开庭前后都有戏

等候被告人押来的时间里，我从走廊走进来，一名中年法官站在后通道口，我路过时，他问我："你是谁的律师？"后来我问书记员，才知道他是徐法官，是这个系列案的主审法官，是他们少年庭庭长，也是今天的审判长。最早当面沟通的李法官和上次电话里沟通的孙法官，分别是刑庭庭长和刑庭副庭长，是今天的陪审法官。看到这个组合，我再一次感受到这个重量级案件在当地的受重视程度非同寻常。

当时回到座位后，我就拿出准备好的辩护词，趁着开庭前等待的时间，过去交给徐法官。我看到他双手捧起看了一眼，转身从审判席旁边的小门一路走了出去。过了约莫六七分钟，又走回来，手里拎着这份辩护词。我迎上去，说，这个案子主要指控的部分存在证据不足的问题。徐法官把辩护词递给我，眼睛望着虚空的某处，低声说："如果现有证据充分，是没有问题的。"

公堂之上，也不能再说更多。我把辩护词、质证意见于是都递给了书记员，方便书记员一会儿开庭时记录。

所以案子进行到辩论阶段时，其实我的辩护意见主审徐法官已经浏览过了。另辟蹊径，十分重要。

王检是区检察院的副科长，沉稳中透着勇猛，讲话字正腔圆。他刚要开始对着起诉书读，法官发现旁听席有人违规，便指令法警制止。这一耽搁，王检干脆放下起诉书，脱口发表起诉意见。

脱口发表起诉意见较少见。看得出来，王检有着丰富的公诉经验，应该是单位的业务骨干，能脱稿说明他之前对于案件也是做足了功课。

王检语言流畅，抑扬顿挫中，又不时娓娓而谈。他说邹文生指挥甄小强，帮阿虎提供账号，转账金额为2.8亿元。对1900万元换汇款，一样作为涉案款项。他对邹文生的量刑建议是"六年以上，六年两个月以下"。

如此精确的量刑建议，比较少见。

# 沉稳接招：动态调整破指控

接下来，是我作为排名第一的辩护律师发表辩护意见。

即将开始了。有那么几秒钟，法庭上静悄悄的，就像小说中的"一根针掉地上都能听见"一样。空气中的氧气似乎已经被抽干，又像给注入了无形的炸药，等待着下一秒的炸裂，或者永远沉寂下去。不在沉寂中死亡，就在沉寂中爆发。

虽然法官都低头看材料，但我想，他们心里都想听听我这个唯一的外来的律师以怎样的方式辩护。

我酝酿了一下，决定打破原来准备的口头辩护稿，先说对邹文生转发了阿虎和甄小强之间所有账号这一内容的真实性，给予特别关注，综合全案证据，不予采信。

接下来，我发表对邹文生不构成非法经营罪的无罪辩护意见。结合前面的质证意见，核心观点有三个：

第一，邹文生把自己和家族亲戚在荷兰的合法收入，通过朋友汇入国内，这种换汇行为，不构成犯罪，这是事实上的不构罪。2.8亿元中除此之外的部分，只有邹文生和甄小强这两个被告人的供述，没有其他书证、物证、电子证据等印证，在案证据不具有客观性，也不能认定邹文生构成非法经营罪，这属法律上的不构罪。

那么不妨看看邹文生的想法，也就是他有没有犯罪的主观故意。这是辩护观点的第二点。辩护人认为，从主观上看，邹文生通过朋友把自己的钱和家族的钱汇往国内，是为了节省兑换外币的手续费。邹文生帮阿虎转发账号，是对阿虎帮自己给国内转汇的回报，这是朋友间的好意施惠，结合他没有收取任何报酬来看，邹文生不具备非法经营的犯罪故意。

第三，本案中的犯罪嫌疑人阿虎仍然在逃，在案卷宗中出现大量线索的书证、电子证据等未调取，在关键人物未归案，应调取的证据未调取的情况下，仅从证据的角度看，给邹文生定罪，也不能达到事实清楚、证据确实充分的证明标准。

辩论阶段的特点是通篇需要把之前发问、质证时提及的所有点贯通，但又不能重复拖沓，要确保无一遗漏，又要确保听者有新鲜感。这就需要在有些地方点到即止，而在其他地方，又需要充分铺陈和扩张发挥。因此，好的口头辩护词本身，也应是上乘的演讲稿。

对于我们今天所讨论的非法经营罪，规定在《刑法》第二百二十五条，适用本条的基本条件是以营利为目的。我认为这也是今天辩论应该围绕的一个核心。

通过今天的开庭，我相信，大家都已经注意到一个事实，那就是，邹文生在荷兰有正当职业，他在荷兰鹿特丹等地经营或出租共10家杂货铺及餐馆，其通过甄小强转入国内的钱，正是他在荷兰做生意所取得的合法收入，当然还有家族其他成员的收入。

那么很明显，把自己的钱转进来，外汇是自己的，人民币也是自己的，自己买自己卖，这当然不是买卖，这一点根据一般的生活常识和逻辑都能理解，这就是我们通常所讲的换汇，是不构成犯罪的。

至于本案指控的其他数额的转账，有一部分，邹文生已经承认是自己帮朋友的，但问题是他没有收取报酬，完全是对朋友阿虎帮自己换汇的回报，这种生活中常见的投桃报李、互相帮助，法律上称之为好意施惠。也就是说，邹文生帮这个忙，并没有以营利为目的，这样就不符合非法经营罪的基本特征，不构成犯罪。

在这个问题上，控辩双方的另一个争议是金额的问题，即邹文生总共帮忙转了多少钱呢？

邹文生在庭上申辩只是2018年年初的前后帮过几次，但具体多少次、多少金额不记得了。辩护人之前会见时邹文生也一直这样说。对朋友之间的互相帮忙，本来也不是自己的生意，没有专门去记，这倒也符合人之常情。毕竟对于邹文生这样的小老板来说，他在5个城市共有10处物业需要管理、经营，作为一个荷兰籍的中年华裔，上有老下有小，没有精力更没有余力再去让这些无关紧要的事情占他的脑子。

在金额问题上，公诉人在质证阶段出示了一张邹文生确认过的7万多元的微信转账截图，但是，刑事审判不是产品抽检，不能以一份7万多元的转账图片认定2.8亿元的犯罪。毕竟，这是一个可能判处五年以上刑罚的重罪。

在客观行为上，已经对罪与非罪的问题有了完整剖析，接下来，我重点从主观故意入手，还原邹文生是在什么心态下帮助朋友的，以主观故意的法律套路，"讲辩方故事"，也就是在破之后开始"立"。

## 穷尽说理：证据背后岔路多

结合前面质证时，我提交给法院的邹文生经营餐饮等物业的证据材料，我认为结合控方证据可以发现，邹文生有帮助朋友，或者给朋友以一定便利的故意，以此换取朋友免费帮自己汇钱回国投资。虽然这样的行为可能违反行政法规，但只要邹文生没有收取报酬，他就没有营利的目的。

这个案件的奇特之处在于，阿虎通过邹文生找到甄小强，完成了境外和国内的转汇。但是按照查明的事实，甄小强是有非法获利的，邹文生却没有获利。按照控方思维，邹文生构成了非法经营链条上的一环，因此构成犯罪。但且不说非法经营需要从整体判断，而这一判断尚且缺乏完整的证据，单看是否构成非法经营罪的非法获利的法定要件，先具体到邹文生本人，邹文生没有经营的行为，就不应认定为非法经营。

这个案子也可能陷入另一个误区，那就是甄小强与阿虎之间进行的是地下钱庄非法经营，邹文生是其中不可或缺的一环，邹文生就要因为提供帮助而承担刑事责任。但聚焦到这一点的问题还在于，邹文生在多大金额内提供了帮助的事实不清，不能仅以邹文生和甄小强的供述就以2.8亿元给邹文生定罪。

更何况本案还存在另一种可能，那就是阿虎转入国内的资金是其在境外的合法经营收入，只是基于通常的人际交往习惯，给予甄小强一定报酬以示答谢。特别是后期24个月固定每月支付1万元报酬，而非与转账金额为比例提成时，这个特征尤其明显。这种情况下，阿虎的行为就是换汇，是不构成非法经营的犯罪，同样的，邹文生帮阿虎也不构成犯罪。

实际上最后一种情况，完全可能。因为不少华人，世代侨居海外，他们又有部分亲戚生活在国内。境外与国内的来往、投资，十分频繁。但是因为资金的进出，无法像跨省一样跨越国境，这样便需要借助朋友、亲戚转账。

根据在案证据，邹文生确曾被阿虎告知，帮阿虎转的钱，就是阿虎经营海外代购的收入。另外，案中证人任红云曾在作证时，讲述了自己怎样认识阿虎、怎样从阿虎处买货等情况。这样，在阿虎没有归案的情况下，不能武断地排除阿虎的钱一定不是合法代购收入的款项。

大千世界现实生活之丰富多彩，不能仅凭单向的有罪思维去假设。

而本案指控邹文生有罪的关键漏洞，就在于证明阿虎非法经营的证据缺失，同时，邹文生发信息给甄小强的微信可以调取却没有调取，更不能理解的是，甄小强记账用的4个本子出现在供述中，甚至有证据证明已经调取却没有提供给法庭。

到此为止，可以发现，该案的不少"犯罪情节"，完全是基于某种想象"拼接"起来的，而不是用证据链接起来。如果真正基于在案证据，可能指向的是更加广阔的华裔海外互助生存的"浮世绘"。


## 情理之辩：无罪之后有量刑

经过客观、主观、取证工作缺失的三个层次的剖析，又穿插进事实、证据、法律三个维度的重构与重申，邹文生的无罪本来已经无须多言，但法庭阶段还有一个尾巴：量刑辩护。

我接下来发表以下量刑意见：

即使法庭仍然认为我的当事人有罪，也请法庭考虑在案人都是从犯。根据在案证据可知，岑某某作为地下钱庄老板，其获利按1%、2%提取收益，阿虎为2%，冯千强按1%到1‰不等。而本案中，我们都看到，甄小强作为一个残疾人，获利仅为3‰到1.5‰，而这种情况只维持了12个月，到后面的24个月，只能按照每月固定1万元领取工资。这说明，在案被告人都处在这个交易链的最底层。当然，我的当事人邹文生，没有收取任何提成与报酬。

甄小强因小儿麻痹，出庭时要拄双拐才能勉强行走。我虽然之前听邹文生说过，但开庭的时候才真正看到。

另外，根据辩护人与邹文生的妻子沟通，因为邹文生被突然羁押，夫妻二人从来没有经历过这样的变故，邹文生的妻子因此精神抑郁，一个女人，头发都掉光了。

在回应时，王检察官认为，对邹文生换汇1900多万元，可以按照他节省的费用折算成他的非法获利。又说，非法所得不详的，可以按照涉案总金额的千分比计算。

这些说法都是站不住脚的。邹文生和其家族的1900多万元，是因为朋友关系，才没有支出中间费用，所以才构成换汇，所以是无罪的。如果节省的费用能折算成非法获利，那就不存在换汇了，所有的换汇都能通过这样的折算，给折算成犯罪。这显然是不利于被告人的扩大解释，当然是违法的解释。再说为什么不能按法律规定的千分比计算。确实，《最高人民法院、最高人民检察院关于办理非法从事资金支付结算业务、非法买卖外汇刑事案件适用法律若干问题的解释》中规定，非法从事资金支付结算业务或者非法买卖外汇违法所得数额难以确定的，按非法经营数额的千分之一认定违法所得数额。但是，这里针对的是因为客观原因违法所得难以确定，所谓难以确定，就是因为时间跨度过大，或因为金额过于分散，无法计算而难以确定，其前提是有非法获利。而邹文生在案件中的情况非常明确，即没有违法所得。主张按1‰计算邹文生的违法所得，很明显是混淆了"没有违法所得"与"违法所得难以计算"。

## 缓期执行：致敬法律的判决

这个案子开庭后，一直没有消息。这段等待的时间里，冯小兰也一直没有任何声息，我猜她在发动亲友团打听消息了吧。我还一直记得书记员原来讲过的，"到时就把判决书给你寄过去，免得你再跑了"。

到了2月，我预想着，开庭宣判都得再过几个月吧。这大约也是对无罪辩护案审慎裁判的需要。

2020年3月5日，有人加我微信："我是邹文生。"

我很吃惊，回了一个发呆的表情，通过了，但没法相信这是真的。结果过了十多分钟，他通过微信语音我。我听到了熟悉的声音：果真是邹文生！

邹在微信里说，1月9日他就缓刑出来了，当地法院安排他进宾馆住了十天，然后他就回恩平老家了。

接下来，他把判决书发给我。我这才看到结果：判处有期徒刑三年，缓期四年执行。

邹文生想让我把案子的法律文书打印了发给他，他还要处理后面的一些收尾工作。我说不用打印，我直接发电子版给你，这样更方便，需要的你再打印。总共9份5万多字的文书，凝结了6个月的心血，名正言顺地回归他们的主人。

我算了一下，从12月9日开庭，到1月9日判决，正好一个月又一天。

律师在刑事案件中其实没有自己独立的权利，只要邹先生满意、其家人满意，上诉如果也不能获得更有利的改判，我也需尊重当事人的意愿。

至于冯小兰，后来一直没有联系过我。她之前曾讲过："希望你能努力帮助我们，以后如果我老公能解决问题，我们一定会好好感谢你的，拜托了。"

无论如何，我已经收获了职业生涯上又一枚成功辩护的胜果。还有什么比这更好的回报呢？努力地付出，依靠自己的专业，把案子撬回正确的轨道，对职业律师来说，没有什么比这更荣耀的。

　　冯小兰、邹文生，一年多的时间里天各一方、担惊受怕，让他们尽情地享受天伦之乐，不去破坏他们的安宁，也算是辩护工作的延续吧。

　　此刻，又一次坐在宽敞明亮的办公室里，我又想起咖啡店里昏天暗地阅卷的时刻，想起行走在大庆的马路上递交法律意见时匆匆瞥过的美丽街景，想起短短一天里法庭交锋时一次次的短兵相接，想起徐法官从审判席上望过来的眼神。过往之所以值得，就在于它告诉了你什么是正确的。此刻我相信，沿用大庆案辩护的方法，在专业的路上继续走下去，就是刑事案件中可以帮到当事人的康庄大道。

# 第四章

# 违法承兑汇票惹上牢狱灾，组合式辩护赢新生

---

我应该忘了那些曾帮过的人，我只需从曾经的案子中汲取成功的力量，更坚定地前行。仅此而已。

# 走廊一瞥：致敬裁判者

我从法院的临时羁押室出来时看到了朱法官。拖着的行李箱，在走廊上轻轻地发出声响，多少惊动了正在开庭的朱法官。路过法庭门口时，我扭头去看她，她也正好从高高的审判席上望向走廊。

朱法官是一个有人情味、有魄力、有担当的法官。她曾厉声训斥史美兰的糊涂。同时，对律师辩护的史美兰的罪轻事实果敢作出轻判。

这一天是2019年2月25日，宣判日。涉案1.6亿元造成损失5688万元的非吸案被判三年。宣判后史美兰不迭声地说："感谢法官！感谢法官！"一边向法官点头示意，一边转向我，脸上满是意外的欣喜。

一个被告人，被宣判了还感觉喜悦，这个结果是朱法官平衡罪与罚的结果，也是史美兰取保后四个月来，不辞辛苦统计还款情况提交给法庭的结果。

最近常想起这一幕，想起这个案子。作为律师，我应该忘了那些曾帮过的人，而只需从曾经的案子中汲取成功的经验，以坚定地前行。

常州史美兰非吸案的意义于我，是以专业帮到了当事人。从带她自首，到绑架解救、取保，然后是数额特别巨大诈骗罪的撤回免诉。2月25日的宣判，也宣告着经历过山车式的11个月后，案子终于走到了终点。

## 初下常州：欠钱不还翻了船

2018年3月20日下午，从奔牛机场出来后，史美兰的朋友冯三保驾车已等候在机场外，两人一路轻快，来到离机场不远的酒店。酒店房间里，一个消瘦、个头不高又面色黢黑的女子，对门坐在沙发上。见我进来，她稍扭转身，笑着："来了！坐吧。"

她就是史美兰。泛黄的短发里不少抢眼的银丝。

冯三保离开后，史美兰和我从5点沟通到9点。她之前还想出逃海外，听我建议后放弃了。现在单刀直入，就是怎样整理材料，要保证警方能接收。

史美兰20世纪90年代初银行职校毕业，在江苏省内各大城市的银行同学很多。1998年离婚后，带儿子来常州发展，2000年左右开始经营棉纱生意，赚取了人生第一桶金。2010年棉纱生意渐渐衰落，又经营过洗脚城，失败了。2013年，利用自己在银行的熟人关系，也利用原来认识的棉纱老板，一开始是倒手转钱维持棉纱生意运营，渐渐地转做起了资金生意。

在当地，民营企业的贷款难催生了民间金融市场的繁荣。无论是承兑汇票贴现，还是现金过桥，都有较高的回报。史美兰做"流贷"，也帮忙牵线到银行申请"敞口贷"。这两样都会出现需要贴现或过桥资金的情况。代急需的企业垫付资金，每百万元可收取每日4000元的利息，这个费用是固定的，代为兑付未到期的承兑汇票每百万元可赚取每天4万元左右的贴息，这个费用是浮动的。因为承兑汇票的特殊性，承兑汇票时一般同时收取贴息和利息。所以一开始摊子铺得很快，朋友们慢慢知道史美兰做资金生意，人活泛、门路广、返利高，都愿借钱给她。后来，一些经营小本资金生意的老板，也把钱放给史美兰，利用利息差赚钱。2016年，想着扩大资金面即可增加营收，史美兰把每百万元利息从每日1000元提高到1200元、1500元甚至1800元。

问题是承兑汇票从入手到出手有时间差，资金趴在自己账户上不动时就会产生成本。开门做生意花销也大。更主要的是，资金池扩大的时候，亏损不显见，但朋友圈子扩张到极限时，还债压力就大了，没有新的钱进来，资金链开始紧张。经营部里，平时就靠朋友冯三保跑跑腿接接人，虽然也有财务李婷婷，但财务管的只是面上的小额资金，大笔的借贷都是史美兰一手掌握，实际上也只能理个大概。

巨额的资金流、粗放的管理、有限的融资圈子。出现缺口时，史美兰也搞不清楚问题出在哪里。在接我来酒店的车里，冯三保也纳闷："平时看她挺忙的，都感觉生意不错，搞不懂为啥一下子就还不上钱了？"2017年年初，开始出现兑付困难，到了2018年春节后，实在撑不下去了。

2018年春节后，债权人催债甚急。其中龚树仁放出狠话，说要报案。十多年的朋友，好话多说无济于事，友谊的小船说翻就翻。史美兰也是刚强的人，干脆回复："不用你报警，我自己自首去！"由此，从网上联系到我。

刚在酒店见到史美兰时，没法安静沟通，她的两部手机此起彼伏。每次她都是高声地对着手机一通解释和安慰，或者直接掐掉。放下电话后，又紧张地一支接一支地抽烟，满屋子烟味也让我很不习惯。

在酒店，见到了史美兰自首的原始材料。原始材料是用来记账的账本，五年来上百册账本层层叠叠摞起，码放在地毯上。

从晚上9点到凌晨4点，伏案7个小时后，完成了自首书、初步证据和相关法律问题分析。这时才知道史美兰先后使用6人的19张银行卡，涉及20个债权人和6家银行，总金额3亿多元并造成损失4000多万元。这些数据，在后期指控中基本得到了印证。

3月21日上午9时，我和史美兰来到了常州市公安局，开门见山要自首。经侦民警接了材料，答复说案子要转给案发地区经侦大队。等到11点多，区公安局经侦的警车到了，我看着史美兰被两个警察一边一个带走了。

次日，22日上午9点多，接到一个电话。电话那头确认我是不是史美兰的律师，问我知不知道史美兰的下落。听声音，是昨天接走史美兰的潘警官。我说昨天不是已经把人交给你们了吗？潘警官答复说到警局后让史小姐先回家等消息，后来失联了。

潘警官的电话让我意外，但更意外的还在后面。

# 绑架与解救：自由与不自由紧急切换

中午12点多，正在外面，不经意间发现手机上收到一个陌生电话的一串短信："我在××超市对面×××（酒店名）1106房间被绑架，快联系警官""不好""接""快点""在卫生间""偷偷打"……

电光石火的一瞬，我马上打电话给潘警官，把地址、房间号告诉他，想着他能解救史美兰。但潘警官在电话里挺为难，他让我报派出所解救，因为他们不方便。

大约经历了一秒钟，结合自己十多年的从警经历，我意识到潘警官所讲不错。派出所才是处理辖区警情的第一责任者，目前危急情况下的解救，虽然和潘警官打过招呼，但派出所处理才最便捷。随即，我立马又拨通了常州110的电话。

6分钟后，刚才的陌生电话打回来，是史美兰的声音。

原来，史美兰前一天被警察带走后，当天下班时间，警察以无人报案为由，放她回去了。结果晚上9点，史美兰被一群闻讯而来的债权人捉住，连推带搡弄进了经营部旁的酒店房间里，第二天瞅住机会在上厕所时，才跟我联系上。

当地派出所的反应之快让我钦佩，史美兰在被绑架的危急时刻一直记着我的电话，也让我颇为感慨。

史美兰这次进去，到再次走出看守所，在7个月后。

7个月的羁押：到底犯了多大的罪？

自首是史美兰的最初请求，但真的进去后，案子中的问题还是不少。

2013年以后，史美兰开始先后向龚树仁、王常等21位朋友借款，这些朋友都是四五年以上甚至都是十多年的朋友和熟人。史美兰这种初期倒手维持生意经营，后来赚取利息差的行为，并没有采取公开向社会宣传的方式，都是朋友、熟人间发生的，不符合非法吸收公众存款罪公开宣传的特征。

从人数上看，根据《最高人民检察院、公安部关于经济犯罪案件追诉标准的规定》(已失效)，非法吸收公众存款或者变相吸收公众存款，扰乱金融秩序，个人非法吸收或者变相吸收公众存款30户以上的，应当依法追究刑事责任。后来2010年的《最高人民法院关于审理非法集资刑事案件具体应用法律若干问题的解释》，将人数进一步从30户严格为30人。[①]但借钱给史美兰的只有21个人，后面取证的人更少。因此，单从人数上看，没达到追诉标准。

非法吸收公众存款罪，从罪名上看，涉众性是其明显特

---

① 2022年最新修正的《最高人民法院关于审理非法集资刑事案件具体应用法律若干问题的解释》将30人调整为150人。

征，而涉众的核心更在于人员的公开性，没有公开的宣传、没有超出亲友的私密范围，是史美兰案子的特点。

但案子一旦启动，就会按着特定的轨道，朝着某种不可控的方向发展。在后来的会见中，史美兰的担心加重，警察认为她向陈小的930万元借款涉嫌诈骗。

史美兰眼睛睁得老大："警官说，你明知自己不具有偿还能力，还向陈小借钱，你就是诈骗。"

我问她："陈小的930万元，你有没有还过？"

"没有。我22日进了牛坑派出所，本来是要还的，准备把价值500万元的店面房过户给陈小。但一群人知道后跑来了，龚树仁叫得最凶，又私下说他在公检法有熟人朋友，鬼使神差，房子就过给龚树仁了。"

930万元一分钱没还，成了案子的硬伤。

陈小是个工厂老板，和史美兰十多年前认识的，年前一次碰面，发现史美兰的资金生意做得这么大，当时也想一起合伙做承兑汇票生意，赚到钱大家分，前后出借了930万元，因为后来情况急转直下，这笔钱没还过，但两人平时互相帮帮忙，帮换换承兑汇票是有的。就在21日自首当天，史美兰还打了60万元给陈小，这是帮陈小承兑汇票的，帮这种小忙史美兰不赚钱。

诈骗罪的构成，要求以非法占有为目的。这一点史美兰是不具备的。非法占有目的在实务中通常以携款潜逃、挥霍消费等外在行为推定，史美兰生活节俭、投案自首，都不符合这些特征。明知没有偿还能力而借款也是非法占有目的的一种情形。但无论是从史美兰经营的资金总量，还是从偿还已经过户了价值500万元的房产给龚树仁可知，史美兰在借款当时，是具有偿还能力的。史美兰案发，主要是受到龚树仁的威胁后自首，也有多年朋友翻脸赌气的成分。但自首后，原来的资金经营无以为继，导致借款不能偿还。史美兰曾打款给陈小，也可以证明她没有非法占有的目的，否则也不会打这笔钱。

史美兰诈骗陈小这件事，一直拖到后来法院阶段才解决。审查起诉阶段，检察官根据卷宗材料中的言词证据，"我说的资产项目，就是骗骗她"等内容，把陈小借给史美兰准备合伙做承兑生意的250万元和资金生意的200万元计算为诈骗金额，总数也从930万元降到了450万元。

单纯从法理上讲，仅仅"虚构资产项目"，可能构成"虚构事实"，但诈骗的构成还要求被害人"基于认识错误而处分财物"。但案件中，陈小并不理睬史美兰讲的是什么项目，她认准了史美兰做资金生意来钱快，想合作、想放贷给史美兰多赚利息是根本出发点。"你做的什么项目我不管，你能给我还高息就行。"也就是说，陈小自始至终，没有产生认识错误，陈小处分财物与史美兰的"虚构事实"之间，没有因果关系，即使抠字眼，拿卷宗里的材料看，史美兰的情况也不构成诈骗。但最终说服法官，靠的是一种"大白话"的方法。

4月23日，案件审查批捕的时候，我拿着不批捕的法律意见和当面听取意见的申请，去找负责案件的周检察官。他接了我的材料，末了很坦诚地说，诈骗是有问题的，但案值这么大，不批捕也不现实。案子终是批捕了。

## 约见债权人：旋涡争食众生相

案子批捕后，史美兰希望能找债权人拿份谅解书，从专业角度来说，这对接下来的处理也有好处。拿着史美兰的声明，我前后见过陈小和龚树仁。

5月18日，在湖塘乐购旁的天语雅阁，我、冯三保、陈小以及陈小带来的一中一青两男子见了一面。中年男子，陈小介绍说是王总，一条鲜红的领带系于项下。青年男子，陈小介绍说是她弟弟，一身休闲打扮，精干健硕。

后来讲起这次会面，冯三保有些后怕："你看陈小她弟弟那个样子，像要打我一样。"他这么一说，我想起当时陈小弟弟真有点来势汹汹的意思，进门先把袖子挽起来。我来得最早，陈小他们三人一进来，我往里一退，坐在挨窗的最里面。

气氛有点怪是感觉到了，但我知道自己是给他们送财来的，谈判也只代表史美兰的意见，毕竟陈小的损失与我无关，所以并不胆怯。中间自我介绍时，又顺带地讲到我在公安局工作十多年。渐渐地，陈小的弟弟就放松下来了。后来受史美兰委托，还见过陈小一次，她没再带弟弟过来。

见是见了，不过陈小有她的立场，要求直截了当：不把帝景的房子过户给她不会出谅解书。

帝景的房子不能过户给任何人。因为房子不是史美兰的，是史美兰前夫沈先生的。沈先生因为孩子跟着史美兰，离婚后拿自家卖别墅和拆迁得来的450多万元借给史美兰，都没收回。其中200万元辗转买了帝景的房子，记在沈先生名下。史美兰22日再进派出所还没刑拘的时候，沈先生的儿子说"不帮妈妈就断绝父子关系"。沈先生一狠心，已经把价值500万元的店面房过户给了龚树仁。现在家人反对，他又把帝景的房子视作给儿子的婚房，坚决不肯再让出来。

5月2日，还去了一趟龚家名园，见到了龚树仁和他女儿。初看到龚家名园这个名字，我还当是私家园林，去了才发现出租车都少见，其实是一片工业园区。龚树仁的女儿早在3月23日下午就加了我微信，当时自称"我是史美兰的侄女"。可见两家人关系之密切，但史美兰既然进了看守所，剩下的只谈还钱。

这次去之前史美兰跟我讲了，龚树仁欠款不多，只计本金的话就差800万元左右，但史美兰希望龚树仁能看在收了店面房的份上，出一份谅解书。

龚树仁的口气很硬，也很直接，要求把帝景的房子过户给他。这就没得谈了。我坐了约半个钟头，打车离开了。后来为了拿到帝景的房子，龚树仁还打过电话给沈先生，但沈先生认为自己在这件事上，已经是法律上的局外人，拒绝沟通。为争取这套房，6月初，龚树仁又让女儿和我联系，称愿意出谅解书。我于是草拟谅解书一份，先给他们修改。龚家人只说内容不符，避而不谈如何修改，从此以后便不再联系了。

除了龚树仁，这中间跳出来号称有关系的还有仲利海，通过短信，说自己和公安、检察、法院关系不错。发短信给沈先生想一起谈谈。沈先生一如既往地不加理睬。吴望义也是一个，加了我微信，说有检察院的关系，伸手先要100万元。这些情况，我会见时都告诉了史美兰，她的态度就一句话：不用理。

7月份，史美兰提出身体不好，希望有生活律师可以多看她，和她聊聊外面的情况。7日，我推荐沈文娟律师给沈先生，由沈先生决定后签订了委托，沈律师按时会见，不时寄些衣物，直到三个月后史小姐取保出来。

## 成功取保：未见烟火迎自由

取保候审在法律上是与拘传、刑事拘留、监视居住、逮捕并列的刑事强制措施中的一种，但在实务中，被认为是"准无罪"。原因就在于取保后基本的人身自由不受限制。侦查阶段取保，往往等同于无罪，公安局一般还会在一年届满时，开具专门的《解除取保候审决定书》。这种情况期满后继续追究刑事责任的较少。史美兰能在审查起诉阶段成功取保，为后来的轻判争取到了关键的整理证据时间。

史美兰符合取保的条件包括：非法吸收公众存款是非暴力犯罪，不具有严重社会危害性；史美兰自动投案，没有再逃跑的危险；单人犯罪，侦查期限即将届满；身患子宫肌瘤，可能癌变。

《刑事诉讼法》第六十七条规定，因身体原因取保的条件为"患有严重疾病、生活不能自理……采取取保候审不致发生社会危险性的"。史美兰在自首前，就提供了患有子宫肌瘤的病历和检查结果给我，还专门交代说医生认为有可能癌变。但在具体申请时，"可能癌变"不等于"已患癌症"。

参照《保外就医严重疾病范围》，史美兰最接近的情形可能是"暂时难以确定性质的肿瘤，有下列情形之一的……2.身体状况进行性恶化……"史美兰说，监管医生告诉她，子宫肌瘤是常见妇科病，不可能取保。所以4月15日、7月18日两次申请都没通过。那段时间，管教以为史美兰在故意捣蛋，把她当成了重点对象。

虽然如此，但我不能放弃。有一次，和沈先生饭后在小香阁的院子里聊到这事，我说史美兰的情况还要争取，不排除取保出来的可能。沈先生当时盯着我："这个不可能吧！"随即又掉转话头："这个要是可以，我们家人一定要好好谢谢你。"

7月中，向检察院提请调取沈先生过户店面房给龚树仁的凭证；申请调取3月28日上午、下午和4月26日下午所做的，记录内容与案件事实不符的讯问录音录像，以证实笔录制作中存在指名问供的情况，证实不存在史美兰讲过："……从陈小那里骗来了400万元的钱……""我开始也不想骗陈小……""……我骗陈小说准备帮别人开银行承兑汇票的……"等内容。同时，申请对相关笔录作为非法证据予以排除。那时，因为史美兰被羁押，我还专门申请调取史美兰打款给陈小60万元的银行流水，申请调取沈先生过户店面房给龚树仁的书面材料，申请调取史美兰与龚树仁、戚冠军等

21人的全部记账簿，并提供了相关证据，即由史美兰经营部的财务人员李婷婷持有的信息。从后来的卷宗材料看，检察官督促公安确实调取了沈先生过户房产的证据，并找沈先生问了话。

7月、8月里，会见时，每次史美兰讲到身体的情况，我都鼓励她告诉管教。史美兰慢慢适应了看守所的环境，胆子也大了，逮空就跟管教说。7月的取保申请递交后，检察院解释说公安不同意取保。到了9月，案子重报检察院后，看守所带史美兰外出做了一次妇检，发现子宫肌瘤有发展。此时，史美兰出现了腹鼓情况，手指、面部也有些水肿，目测脸和手指头都有轻微的浮肿发亮。检查时医生说，可能肌瘤压迫到了神经，导致手脚浮肿。

这段时间，史美兰说，管教看到了她的身体变化，都对她好声好气的，唯恐她有点什么意外。我知道，看守所这时和办案单位的态度是有区别的。看守所要对被羁押人的安全负责任，对情况不明可能病变甚至意外死亡的，要承担失察、管理失职的责任。但办案单位认为案子复杂、重大，人跑出去不安全，所以反对取保。这个时候，案子实际在检察官手中，只有通过检察官进一步推动才有可能突破。

9月17日，我去见周检，和他讲诈骗存在的问题，申明对新调取证据的看法，重点是强调史美兰的身体情况。周检似乎有所心动，他说："那你再写一个申请吧。"

第二天，我再拟了一份取保申请递过去。史美兰的父亲在她羁押时，年近八十，因糖尿病，一只眼已盲。7月16日，受史美兰被羁押影响，其父外出期间神情恍惚，遭车祸去世。我在取保申请中，把这一情况也写进去，附上了死亡证明。为了引起周检及周检上面领导的重视，取名《关于史美兰身体情况不适宜继续羁押之取保候审紧急申请书》。递给周检时，我看到他接过材料的一刻，盯着材料，愣了一下。

一周后，我接到一个常州的电话，一个女声告诉我，是常州看守所驻检科打来的，说我的申请他们收到了，但基于史美兰得的是常见病，他们决定不予批准取保。

又过了两周，沈先生打电话给我，说家属接到通知，可以取保，问我是怎么回事。我心里又一下子亮堂起来。

去看守所，有时候会看到门口有一群人候着，到了会见时，会听到、会看到有人放烟花。我醒悟过来，是亲属在庆祝亲人释放了。

史美兰是10月16日释放的，我当时准备一周后过去，当天不在现场。一个孤单的女人，没有人给她放烟花吧。她待在里面的时候，我总共去过常州12次，会见了19回。

得知史美兰出来的时候，我在朋友圈感慨：多少的日子渐渐远去，多少的瞬间仿佛就在眼前，所有清晰和模糊的日子，雕琢出喜悦的时刻，而此刻的喜悦，归功于日复一日看似平淡却锲而不舍的努力。

## 数额统计：辩护要下笨功夫

虽然史美兰对陈小不应认定为诈骗，但最有说服力的还是账目。史美兰始终说没还过陈小钱，但我决定要整理好两人之间的账务往来，先做到心中有数。

对照案卷中的银行流水，我对陈小的情况按两种方法进行整理：一个是借款对应还款的统计；另一个是按时间顺序的统计。这一整理发现，史美兰和陈小间总共有27笔资金往来，共计还款约630万元。这样的行为，能证明她明显没有非法占有目的。只不过史美兰因为愧疚，也因为账多，居然忘了这些细节？等我算出来，9月份给她讲时，她也不理解这件事在法律上的意义，仍然坚持说是我搞错了，说自己没真正还过钱给陈小。

史美兰的坚持，让我看到她虽然身陷囹圄，但仍然是一个真诚、不欺心的人。等她出来后自己核对我才知道，她和陈小之间，有的是收钱没打收条，还钱时只支出利息，本金会继续留作出借款。所以单纯按记账本并不全面。

史美兰还关着的时候，总说跟陈小的账本单放在一个夹子里，找李婷婷要。但其中一部分账是循环账，加上警察找过李婷婷。李婷婷很害怕，又反映说从冯三保那里拿到账本后，发现有变动，有些账给抽走了，是否包括陈小的未知。提起民事诉讼的张青丽，有的还款是微信还的，没有史美兰本人通过手机操作很难调取，有的是银行流水，具体得找农行的银行流水打印，没有本人持证去办也是麻烦多多。另外，不同的人，记账方式也都不同，要看债权人的性格。有的很规范，比如王常，本身也是做资金生意的，多年来还款一定会给还借条，史美兰都一张张夹好。有的比较随意，加之时间长达十年之久的，慢慢就不记得还借条了，就由史美兰记账，债权人在后面签名就算认可了，但有时也会落下。也有一些，就靠史美兰记在一张纸上，写明款项内容和时间，债权人也认。龚树仁就是这样。另一些更熟的，比如冯三保，其实类似于合伙，钱一直放史美兰那里，约好了赚钱一起分的，其实多年来从没分过，遇到自己要买房买车时，直接跟史美兰拿过几次钱，剩下多少，只记个大概，具体有没有亏，亏了多少，出事前也都没算过。

给不同出借人还款也不一样。比如，龚树仁低息借亲戚的钱，倒手再给史美兰从中赚利差。到了时间，就让史美兰把钱直接还到其亲戚账上。这种是民间借贷中常见的，在法律上叫债权让与。这些收钱的人，有的史美兰认识，有的根本不认识，就是按照债权人的指令操作。虽然大部分是已经清偿了，如果单从收款人数上算非法吸收公众存款的人数，对史美兰也是极为不利的，庭前准备阶段，能做的也是先厘清账目。

办史美兰这个案子，充分体会到了金融犯罪案件的特殊性，其中一点就是，由当事人本人整理相关财务账目是最为有利的。一是相互资金往来本人最清楚；二是具体发现证据中的矛盾无法排除，多头核对不能印证时，本人才能做出准确的解释。史美兰在10月取保出来后，专门在家里买了一台打印机，自己动手，把除了完全还款外的涉案10人的记账明细与网上银行的流水、借条一一清理。每张借条，还要注明利息如何，何时结清。整理成册，邮寄给我。我再一一装订、编页码，加目录、加封皮。整个11月，史美兰都在忙这个。12月初，到常州阅补充侦查后重报的卷宗，并领取起诉书。这时，史美兰不时地还要补充一些账目。6日中午，约好一起吃饭的，左等右等不见人，一问，原来在家里修打印机耽搁了。

有次我发现漏掉了一部分，告诉她，她在微信里喊："我的天哪———我的胳膊都要断了。"但回头，还是把漏掉的部分一一补了上来。中间又有一次，我发现她寄来的材料跟上次的重复了，一问，是她自己发现之前的4个人整错了，又重新整理打印，重新寄给我。所有账目，到了12月中句才完全厘清。取保以后，生活的改善、心情的放松使史美兰的浮肿大大缓解，但因为打印复印的操劳，肩周、颈椎损伤加重。12月19日，我第二次上法院前，史美兰在微信里直嚷嚷："我要住院了，疼得受不了了。"（虽然每个人的材料就300页左右，但有的堆积如山又前后勾连。）

12月25日，史美兰又想到王常的数字不对，总损失没有2000万元那么多。但王常也是做资金生意的，两人的资金往来非常规范，多年来的账本层层叠叠。史美兰问我怎么办？我核对了一下，发现王常的损失只记了1600万元，就告诉史美兰，如果差异不大，工作量太大，只能放弃。与其在数额上锱铢必较，又拿不出证据，还不如花点精力在法庭应对上，争取给法官一个好的态度会更有利。史美兰认同了我的观点。

1月11日，史美兰去了一趟法院，和法官面谈了一回。

我告诉史美兰，这个案子，在庭上要做到十个字：适当的谦卑，适当的抗争。史美兰也认同了。事实上，她后来也做到了。史美兰是我这几年的当事人中，领悟力和执行力最强的。

回头想想，当事人自己理都会搞错，还是有财务管理经验的人，让别人来，会出多大的纰漏可想而知。

刑事辩护，有时像一场攻防战，辩护律师要做的是在所有可能被攻击的方向上做好防御，十点防御可能只用一点，但准备时不能有任何疏漏，始终要考虑是否还有第十一个、第十二个点在哪里？不到最后一刻不能停止努力。史美兰案在这方面是一个典型，后来接办的崔永强案也是如此，庭前准备阶段主要是对账目的详细梳理。要一张张流水、一项项记录仔细整理。史美兰案最后开庭时，是没有司法会计鉴定的，能打掉其中900多万元，靠的就是对着原始数据这样一次次地核对、补漏。

# 江边山城：西津渡里忙备战

常州的房子都没了，史美兰取保后只能栖身于镇江亲戚家里。12月开始，我去过镇江5次。核对案件账目，后来是几次开庭前对史美兰辅导。

镇江古称京口、润州。除京口留在古诗里，润州也是现在的一个区。润扬大桥，也取润州古名之意，其实连接的是镇江和扬州。镇江是历史名城，也是风景名城，其中西津渡是重要渡口，也是一个著名的景点。我后来几次去镇江，恰好住在西津渡，处理案件之余，细雨中散步于夜晚灯光幽明间的仿古石板路，或微风中匆匆穿行在两旁植有高大梧桐的石板坡，都会为这个美丽的江边山城之景而赞叹。

镇江的城市宣传语在高铁站出来的通道上：一个美得让

你吃醋的城市！听沈先生说，北方山西人南迁后，把喜欢吃醋的习惯也带了过来，久而久之，酿造出有南方特色的镇江醋。城市建筑，也是兼容北方建筑的雄浑与南方的纤秀，青砖墙，黑或灰的瓦顶，马头墙跃式跌进，与依山而建的城市起伏的气势相仿，整体布局严整，雕饰素丽质朴。

## 庭前沟通：大白话点破窗户纸

史美兰的案子开庭三次，开庭前沟通过一回。也是那回第一次见到了朱法官。

那天主要是交委托材料，但沟通后，原定的1月9日的开庭推迟了，后来检察院连起诉书也撤回了，变更起诉时，认定了自首，对450万元的诈骗免予起诉。悬在史美兰心头8个月的利剑消失了。

2018年12月29日上午9点，准时到法院。朱法官正在理些案头材料。阳光从朝南的窗子打进来，整个办公室都是暖色调。我说史美兰是不构成诈骗的，因为非吸都是因后期无法收回出借款才被追究刑事责任，对后面的钱构成诈骗，那就不存在非吸了，那所有非吸都会变成"非吸+诈骗"。

那次去之前查了网上的判决书，当时以"非法吸收公众存款罪、诈骗罪"搜索，结果只有一个湖南的案件，一个2005年的案子，2018年第3次由省高院提审，查询时还未出提审结果，十分神奇，所以除了说诈骗的构成要件上的缺失，也和朱法官讲了案例搜索的情况。

那次见面，我后来多次想起来，但其实前前后后也就6分钟左右。

大约一周后，接到法院电话，说原准备的开庭推迟，检察院撤回起诉了。再过一周，接到通知1月22日开庭。变更起诉书是1月10日作出的，诈骗不诉、认定自首，最初是朱法官电话里告诉我的。

## 三次开庭：理性沟通无硝烟

1月22日、2月13日、2月25日，史美兰的案子共开庭三次。分别是开庭审理、庭询证人、宣判。

第一次开庭是1月22日14时。史美兰怕债权人过去闹事，所以我带了在广州工作的老乡一起去。冯格早年做旅游，90年代初就去过常州，少年时代学过武功，平时常运动，是保镖的最佳人选。结果那天开庭一个被害人都没来。旁听席上只有冯格一个人。

发问阶段，坐在公诉席上的是周检察官和金检察官。金检除了庭后交流过一下，庭审中没有出声。周检主发问时，就有没有金融从业资格等问题问了一遍。

我的发问，重点是需要呈现史美兰的生意模式，让法官对她的经营方式和失败原因有所了解，否则无法对其社会危害性作出具体判断。这一点，我不问，公诉人是不会问的。

怎样问？我从设问入手，抓住"外人"可能疑惑的兴趣点，明知故问："史美兰，你做银行承兑汇票生意，100万元一天的利息高达1000元左右，最高可达到1800元，那你一般怎样赚钱？100万元两天的贴息和利息分别是多少？"

史美兰说，她帮贷款人开承兑汇票，贷款人要付她利息每天4000元，还要付汇票贴息每天4万元。贴息价格随行情变化不等，有时高，有时低，高的时候就可以赚得很多。以100万元汇票贷款人贴息3万元计，史美兰卖出去只要1300元左右，这些龚树仁和王常是都知道的。

我问："那你有没有计算过，你的年利率大约有多少？"

史美兰说不知道。她确实没算过，这点开庭前我也没问过她。

我说："我帮你算了一下，如果每天都有钱在你手上不停地用于银行贷款贴息，你的年利率大约在803%。这也是为什么有很多出借人不理解，你这么短的时间里是怎么亏掉这么多钱的？"

史美兰说："钱在手里有时候会有空档，也就是没有找我去银行办理贷款的贴现，这样借来的钱在手里是没有收入的，但我还要支付给出借人利息，这样拖的时间越久，我就会亏钱越多。我从2013年开始做资金生意，因为人脉关系不错，也能赚点钱。常州的朋友圈子里，被人认为是成功的女老板。2017年，为了多赚钱，我觉得自己把资金面做大，自然也就赚得多了，因此开始大量向朋友借钱，但是因为维持运营的成本很高、利息也很高，理论上贴息和利息可以赚不少钱，但实际上有时会出现承兑汇票拿在自己手上转不出去的情况，这样很快就亏钱了。我也没想到，这么快，把我自己的钱也亏进去了。"

上面的回答有点冗长，接下来需要直击要点。我问："有投资人怀疑，你如此精明，到底有没有把钱转移去其他地方，或者转移给其他人？"

史美兰有点急："自由是最宝贵的。我现在自由都没有了，一身的病痛，还留着钱有什么用呢？现在，我的存款、车子、房子全都赔进去了。我的整个人生都破产了，如果真有钱，还留着有什么用？而且，公安把我的财产都查了个底朝天，我有再大的本事，也对抗不了公安的搜查。"

人生的破产，是这个案子明显的特点，也是我在接办后近一年里一直思考的问题。从史美兰1998年来到常州计算，龚树仁、王常、冯三保、顾丽丽、陈小等，涉案18个被害人都是史美兰二十年里最亲近的朋友、同学、生意伙伴，因为经营失败，给朋友造成了损失，自己的人脉、人生财富也全部搭进去了。在这一点上，史美兰也是很后悔。

我又问："你向在案18人借款时，是面对面讲的，还是电话沟通的？你有没有以传单、推介会、媒体等方式扩散自己需要借款的信息？"

史美兰说："我没有发传单、发短信什么的，我都是打牌或吃饭、聊天时，当面跟他们借的。"

## 重要问题：本金利息捋清楚

接下来，还问到和戚冠军之间的资金往来情况，这个问题，凸显了个人在被刑事追诉时的被动与无力。

我问："史美兰，你跟戚冠军之间的借款总共多少钱？还了多少？为什么你说偿还的利息已覆盖了本金？"

史美兰说："起诉书里也讲了，我借戚冠军的钱是80万元。其实我还给他的利息已覆盖本金了。我对戚冠军的还款，第一笔是2016年2月4日，为偿还2015年10月24日借戚冠军20万元的利息支付了他2万元。同一天，也是2016年2月4日，戚冠军追加出借款60万元，共形成对我80万元的债权。2017年1月23日，戚冠军因年底要进货，我通过我妹史美意的银行卡偿还了戚冠军本金 80 万元，这部分我提供了银行流水给法庭。但这 80 万元的利息，共计 21 万多元未偿还；到 2017 年 2 月 15 日，戚冠军又打款 28 万多元给我，是用 POS 机刷卡的，与之前未支付的利息 21 万多元一起，让我打 50 万元的借条，这样，就形成了 2017 年 50 万元的借条。这也就是我和戚冠军之间的全部资金往来。实际上，戚冠军借给我的本金只有 28 万多元，而且是未扣除我已经支付的利息，2018 年年初，这个案子发生后，戚冠军还开走了我 66 万多元买的沃尔沃汽车，我的汽车加上之前已经支付的利息，已经可以抵扣戚冠军借我的 28 万多元了，所以总体计算，我对戚冠军的本金已全部付清。"

我追问："你能提供戚冠军打款 28 万多元给你的证据吗？"

史美兰答："我和戚冠军之间的转账还款，都是通过江南银行操作的，我也去了这家银行，但按银行的规定，两年以上的银行流水不能显示交易对象，可是我偿还戚冠军本金、利息部分都是超过两年的，要打印流水，要先提出申请，过几天才能打印。现在，我也不确定当时使用的是冯三保还是我自己或妹妹史美意或谁的银行卡，所以导致此部分银行流水我自己无法提供。"

我："你是否需要申请法庭依职权调取相关银行流水？"

答："我想，法庭可据案情需要向银行调取这部分记录"。

资金经营者在被刑事追诉时提供证据之乏力，由当事人娓娓道来、层层递进，显然效果要强过辩护人的专业诉说。

发问的最后，我说："史美兰，你3月21日去公安局投案时，你有没有想到会被公安局刑事拘留，那你是怎样想的？你有没有想到脱逃？"

史美兰说："我当时想如果构成犯罪，我自愿接受法律的惩罚。我不会逃跑的。做资金生意以来，自己也倾家荡产了，给投资人造成这么大的损失，确实是超出了我的想象，既然结果是自己造成的，我愿意接受法律的制裁。"

也许是受到我气势逼人的影响，在中间部分，朱法官接上话，讯问史美兰："对于提出已经归还钱款的人，利息超过本金的，能不能提供还款银行流水？"

朱法官讲了一个人，她说："顾丽丽，一年归还利息1000万余元，你能提供证据吗？"

三个合议庭成员、两个公诉人和我，书记员还有法警，以及旁听的冯格，所有人的目光都齐刷刷地投向史美兰。她迟疑了一下，似乎在默默地鼓劲，然后，顶着法官质疑的目光，用倔强一般的声音，低沉却坚定地回答："能！"

朱法官又问："你确定？"

史美兰回答："确定。"

朱法官说："好，那你让律师5天内提交给法庭。"

1月28日，出差吉林四平回广州后，我立即把顾丽丽的还息统计表及银行流水复印件装订成册的厚厚一本寄出给朱法官。

这个案子，史美兰本来就对起诉书中列举的王利利、仲利海、戚冠军这3个人的807万元欠款有意见，在一开始发问时申请法院扣除。没想到法官突然提出，从18人中随机抽出顾丽丽的证据部分要求提供。正好，我们从之前准备的10人的材料中找出来寄过去。要是之前没准备，临时抱佛脚，5天之内要寄给法院几百页的材料，包括查找、打印、整理、加注、装订等等，结果必然是手忙脚乱，甚至可能把整个案件搞得一塌糊涂。

一年内单单归还一个债权人的利息就超过1000万元，想一想，确实也是一般人难以理解的。邮寄的材料，通过一页页加注后装订、编码、加封面的方式，正好打消了法官的疑惑，这个细节对法官增强对史美兰的信任很重要。


## 质证很关键：只有两个被害人

质证的特点，是针对每份证据，逐一发表意见，然后打破顺序对证据从整体上发表综合意见。这个部分是法庭发问的延续与深化，也是辩护人法庭辩论的基础。没有扎实而翔实的质证，法庭发问就可能前功尽弃，同样，没有细致深入的质证，辩护人在后面发表辩护词时也将缺乏基础。

史美兰自首时，供述了21个债权人，后来在卷宗里，也出现了21个人，包括证人。但仔细比对可以发现，民间借贷是这个案子最大的特征。如果从非法吸收公众存款的角度来看，史美兰案的特点，是整体上缺乏公开性和社会性特征，而且大部分债权人本金已收回。对此，我在质证时结合银行流水、证人证言一一质证。

龚树仁与史美兰认识17年之久，连史美兰店里打扫卫生和做饭的阿姨，都是龚树仁介绍的。可见二人在生意上和生活上都会互相帮忙，有深厚的社会交往基础。单从借款来看，部分款项无约定利息，完全符合民间借贷的特点。而且龚树仁介绍亲友出借钱款，分别约定利息，自己也从中赚取利差。这一点，是转贷款。

王常有些类似。王常借杨安全、马小语的资金后，再出借给史美兰赚差价，也是台二级抽水机。当然，王常是十多年前史美兰做棉纱生意的同行，后来，又成为做资金生意的同行，从二人关系来看，也不符合公开性、社会性的特征。

冯三保则是跟史美兰合伙做资金生意的，而案件中的张小平、徐大山通过冯三保出借钱款。张小平和徐大山，都说自己不认识史美兰。

如果说史美兰是一台吸收存款的抽水机，那龚树仁、王常、冯三保就是小一号的二级抽水机，从这个意义上来说，史美兰吸收存款对国家金融秩序的破坏、对被害人造成的损失，有龚树仁、王常、冯三保推波助澜的作用。龚树仁、王常、冯三保没有因此被追究刑责，同样史美兰也不应被追究，至少，应参照龚树仁等3人，认定为情节显著轻微危害不大。随着案子的深入，其中从事资金经营的，还包括尤武季、陈小、顾丽丽、余进军、缪东等，而后面的4人也没有被追究刑事责任。

王丽丽会将自己及其配偶的多张信用卡借给史美兰用，最后以至于"哪些是史美兰透支的，哪些是我透支的"，王自己都分不清了。可见二人间关系密切。史美兰和王丽丽间的借款不具有向社会公众借款的开放性特征。而且，《变更起诉决定书》也认定王丽丽不存在损失，因此，这部分借贷款不具有社会危害性，可不作为犯罪处罚。

顾丽丽是朱法官点名要求提供还息证据的一个被害人，但从证据来看，顾自己讲，是史美兰开口向她借钱时才出借的，这也不符合非法吸收公众存款中向社会公开宣传后，不相识的群众主动找上门出借资金的特点。

缪东、吴望义、余进军，也都是史美兰开口向他们借钱的。缪东经吴望义介绍和史美兰认识，缪东出借时没讲过回报，没讲过利息。而余进军是认识二十年的老朋友。余进军自己说，他的利息都是可有可无，而且借出去的都是自己的钱，这些完全符合民间借贷的特征。同时，《变更起诉决定书》上未提及缪东，根据不告不理原则，也应认为缪东的损失与案件无关。

至于仲利海、戚冠军，由于史美兰有完整的证据，可印证仅根据卷宗中的部分证据片面地证明史美兰的犯罪金额的真实性有问题。据史美兰提交的证据，可证明支付的利息已覆盖本金，在2月13日第二次庭询时也当面确认了。王利利也参加了第二次的庭询，她的在案证据，则恰好证明史美兰支付的利息已经超过本金，她在第二次庭询中对此也没有意见。

陈小在笔录中讲，10多年前做棉纱时就认识史美兰了。她的930万元中，480万元是出借给史美兰循环放贷赚取利息的，450万元又分成200万元和250万元两笔，是准备合伙跟史美兰一起做承兑汇票和资金生意的。从两人关系来看，也不符合公开性和社会性特征。

也有的被害人存在数额统计问题。刘涣然就是如此，证据中将有包含关系的多张借条罗列其中，导致重复计算了两笔损失，总金额中应扣除170多万元。

案卷也附了一些银行流水，但只是部分银行2017年4月后的流水，不能支持起诉书指控的2013年以来的所有案发事实，而且史美兰先后使用过6人6家银行的19张银行卡，这里也没有全部调取。

结合后来的《银行承兑汇票差价明细》可以发现，史美兰与余进军、王常、尤武季、顾丽丽、陈小之间存在较频繁的资金交易情况，可以印证此五人也在利用史美兰做承兑汇票资金生意。

史美兰脑子好使，她在被警察问话时，对每个人的情况都做了详细的说明。从熟悉程度上来说，和龚树仁、陈小都是认识十多年了，另外，聂古一2000年认识，刘涣然2014年认识，蒋元2014年认识，张大红2014年认识，徐大夫2014年认识，马岱元1999年认识，施仁贵2008年认识，陈一2010年认识，戚冠军2014年认识，顾丽丽2010年认识，吴望义2013年认识。也就是说，3个认识10年以上了，最少都是认识4年以上的熟人。

从偿还情况看，又有三种情况，即归还的利息超过本金、本息超过本金、本息全部偿清。利息超过本金的有王利利、王菁、余进军等四人，本息超过本金的有马岱元、陈一。本息全部偿清的有聂古一、张大红、施仁贵、仲利海、陈大山、吴三畏。出事后戚冠军开走了她66万多元买的车，史美兰也一直念念不忘。

至此，在案20名被害人和1个证人，除去认识4年至19年的朋友，纯粹因出借款项赚取利息者仅7人，而其中5人本金已全部偿付完毕。

## 口口相传：去除标签下功夫

向熟人借款不构罪，不熟的人钱已还清，是史美兰案子的特点。那么，史美兰有没有放任朋友向亲友借款呢？这方面侦查阶段没有进行专门有针对性的调查。就卷宗证据看，龚树仁在2016年前后，让史美兰把钱直接还给缪以真。史美兰说她知道缪以真这个人，但不熟。

从逻辑上看，要求借款人审查出借人的款项来源，本身是强人所难。作为出借人来讲，其关心的是本息能否偿付，关心的是借款人的偿还能力与信誉。作为借款人来讲，其关心的是资金能否如期支付，而非来源。打个比方就是，一个人去银行存款时，银行也不会问他的钱是否是借亲戚朋友的，也没有专门审查这方面的程序。同样，在民间借贷实践中，如果出借人不讲，借款人也很难核实，特别是像龚树仁这样经营多年棉纱的老板，本身具有一定的资金实力。

但在非吸案中，放任亲友熟人向其亲友筹资，会被认定为放任吸收存款信息传播的"口口相传"，进而会被认定为具备了非法吸收公众存款的公开性特征。而公开性特征与社会性特征相关联，具备公开性的同时也就构成了社会性。至于非法性、利诱性，可视为虚置性条款。非法性泛指违反国家金融管理法律规定、司法解释（包括利诱性、公开性、社会性特征）等规定。利诱性只要约定回报超过银行利息即构成。

从这个意义上来说，非法吸收公众存款容易变成"口袋罪"，而"口口相传"则是其成为口袋罪的最关键却最宽松的条件。就在史美兰案中，公诉人在发表起诉意见时专门指出的也是口口相传的问题。

"口口相传"，并非司法解释或类司法解释文件所明文规定的非法集资中宣传手段的界定方法。它只是出现在《〈关于审理非法集资刑事案件具体应用法律若干问题的解释〉的理解与适用》中：口口相传是否属于公开宣传，能否将口口相传的效果归责于集资人，需要根据主客观相一致的原则进行具体分析，区别对待。①

根据《最高人民法院关于审理非法集资刑事案件具体应

---

① 刘为波：《〈关于审理非法集资刑事案件具体应用法律若干问题的解释〉的理解与适用》，载《人民司法》2011年第5期。

用法律若干问题的解释》，向社会公开宣传的途径包括网络、媒体、推介会、传单、手机信息等。然而，网络、媒体、推介会、传单、手机信息仅是几种公开宣传的典型途径而已，实践中常见的还有互联网、标语、横幅、宣传册、宣传画、讲座、论坛、研讨会等宣传方式。只要行为人通过这些途径，主动向社会公众传播吸收资金的信息，即属于"向社会公开宣传"……上述意见考虑到实践中大量存在的口口相传、以人传人的宣传方式，由于这种方式承诺内容具体明确、信息来源熟悉可靠、传播方式比较隐蔽，反而极易在社会公众中大范围地快速传播，如果行为人明知吸收资金的信息向社会公众扩散，未设法加以阻止，而是放任甚至积极推动信息传播，这在实际效果上，与主动向社会公众传播吸收资金的信息并无差异。因此，上述意见将"明知吸收资金的信息向社会公众扩散而予以放任等情形"也认定为向社会公开宣传。简言之，向社会公开宣传，不仅包括直接传播信息，也包括放任信息扩散。

根据《人民法院报》曾刊载的范某某被控非法集资案[①]。范某某在2006年至2011年以做稀土生意需要资金周转为由，以高息为诱饵，通过亲友等熟人口口相传，先后向20名

---

① 《人民法院报》2013年10月10日，第6版。

亲戚、朋友、生意伙伴吸收资金，骗取20名被害人人民币1.04亿余元，所骗资金被其用于赌博、支付高额利息等。范某某一审被判集资诈骗罪成立，但是该案二审法院江西省高级人民法院经审理认为：范某某在向他人借款时并没有通过媒体、推介会、传单、手机短信、公告等途径向社会公开宣传。本案的20名被害人大多数是上诉人范某某的亲友、熟人，少数人是范某某经其亲友、熟人介绍认识的，都是具体的、特定的人，而并非社会上不特定的人，即范某某没有向社会公众吸收资金。

史美兰案的问题是：一方面，口口相传只是一个符号化的判断标准；另一方面，证据材料中，没有针对口口相传的情况进行专门调查。单单从社会经验判断，21个人，也未超出一个49岁的生意人在生活了20年的城市中正常具备的熟人圈子。这样，史美兰案的最终认定，需要回到金融犯罪中对金融秩序的破坏以及对被害人造成损失上。因此，案子又车轱辘一般，回到借贷双方是否符合民间借贷特征以及整体损失数额。而剔除与陈小、龚树仁等熟人间民间借贷部分，实际被害人的损失有限。参照案件中其他资金经营人，如龚树仁、尤武季、陈小、冯三保、王常、顾丽丽、余进军、缪东等都没有被追究的情况，对史美兰的处罚也应当从轻、减轻或免除。

质证阶段，我还向法庭提交了史美兰偿还王利利、钟利海、戚冠军三人本息的证据，前面二人的有网银转账记录、银行流水、记账单，戚冠军的包括网银转账记录、借条，还有被开走的汽车购车发票。认为给被害人造成的损失应为5638万元。对这部分证据，朱法官专门在2月13日召集三人来法院组织了一次质证，除了车辆的价值因年代久远没有扣除外，其他的都得到了认定。最后确定的损失金额是5688万元。

## 泪洒法庭：女强人有泪不轻弹

尽管从法律上细究起来，案子存在问题，但毕竟造成了出借人损失，所以辩论阶段，不能放松。我抛出了几个和史美兰都没有沟通过的问题，结果是史美兰本人都泪洒法庭。

辩论阶段，周检察官例行宣读了变更起诉意见书，仍认为犯罪金额是6588万元。没有具体的量刑建议。

到发表辩护词时，我开宗明义，表明指控史美兰构成非法吸收公众存款罪的定性准确，接下来将为史美兰作罪轻辩护。刚才发问和质证阶段，可能法官以为我是无罪辩护，所以气氛紧张，等我讲到这里，明显感觉法庭气氛缓解下来了。我的辩护观点主要有三个，核心就一点，其他两点，是史美兰有自首情节，以及对王利利、仲利海、戚冠军等三人数额计算错误。

核心点，主要是对前面发问和质证意见的抽象、提炼。

案件客观方面存在总体出借人数较少、大多为一对一的借贷关系，而且史美兰未采取公开宣传的方式，借款人与大多数出借人关系密切，同时史美兰的合伙人或经纪人等共同吸储者，均未被追究刑事责任。史美兰还有积极退赃等情况，可认定史美兰的行为对金融管理秩序破坏有限，危害不大。

根据起诉书，本案被害人共18人，仅从人数上来看，借款对象范围较小，未达到司法解释所规定的30人，而且余进军、陈大山、吴三畏、仲利海等7人所偿还利息已超过本金，占总体被害人员的39%。

根据对在案证据材料的梳理，龚树仁、王利利、余进军、戚冠军、仲利海、顾丽丽、刘张等人，均是史美兰主动向其借款，而且约定的利息各不相同，说明史美兰并非以散布吸储的方式吸收借款，社会危害性不大。为加强说理效果，我在这里引入了一个案例，那就是（2014）秀刑再初字第1号，林某杯被判非吸案。本案中法院认为：林某杯向林某荣等10人借入款项，人数相对较少，借款对象范围较小且相对特定，所借款项大部分为被告人林某杯主动提出，并非以散布吸储方式来吸引他人把钱存放在其处，其行为性质不应认定为向不特定社会公众吸收存款。法院判林某杯无罪。

书面辩护词中，我对前述龚树仁等8个主要出借人的借款方式和利息情况作了列表，这样方便法官阅读、核对。根据表格也可以看出，史美兰向不同的借款人借款所约定的利息是不相同的。由此可以看出，史美兰分别通过当面或电话联系的方式，一对一向对方提出借款，并分别约定利息和期限，也正是基于这种面对面的借款形态，决定了史美兰吸纳存款行为对金融管理秩序的破坏有限。

根据在案证据可知，王常认识史美兰有10多年，徐大夫、蒋元也是在与史美兰熟悉后，才借钱给史美兰，而并非为了借款才认识的。龚树仁、王利利、余进军、戚冠军、仲利海、顾丽丽、刘张等人，也均是史美兰在做棉纱生意、银行承兑业务时认识的朋友，甚至，在史美兰的纺织原料经营部里打扫卫生和做饭的阿姨都是龚树仁介绍的。史美兰的儿子沈英才从镇江来常州读书是龚树仁介绍的学校，而龚树仁儿子、女儿读书就业，史美兰也曾提供了帮助。龚树仁的女儿对外自称是史美兰的侄女。应当认为，上述人员与史美兰存在较稳定的社会关系，史美兰的资金经营行为不具有不受限制的开放性。

王常、顾丽丽、尤武季是专门做资金生意的，冯三保是与史美兰合伙做资金生意的，龚树仁、余进军也是分别做资金生意的。他们有的是中间人，如王常、顾丽丽、尤武季，有的是担保人，如龚树仁，有的是合伙人，如冯三保。王常、龚树仁等6人所吸纳资金量占全案总金额的70.5%、损失总金额的61.5%，他们的参与对史美兰的吸纳行为起到客观上的帮助作用。6人均没有被追究刑事责任，同理，史美兰也不应被追究刑事责任，而即使要追究史美兰的刑事责任，也应参照上述6人，认为史美兰犯罪情节轻微，酌情予以从轻处罚。

根据第二次补充侦查材料，史美兰前夫沈先生承认，史美兰通过儿子沈英才做沈先生工作后，沈先生为帮助史美兰减轻罪责，于2018年3月25日与龚树仁签订协议，将马杭纺织城面积510平方米价值约500万元的店面房过户给龚树仁，以弥补龚树仁的损失。根据相关司法解释，对于退赃、退赔的，综合考虑犯罪性质，退赃、退赔行为对损害结果所能弥补的程度，退赃、退赔的数额及主动程度等情况，可以减少基准刑的30%以下。

# 秘密武器：庭堂之上说人话

律师作为法律人，平时多在研究法律与案例，生涩的法言法语，仿佛砌出一道与外界隔绝的城墙，让法庭沟通变得生硬、刻板。而基于之前开庭的经验，我相信情感化手法的植入一样能增强说理的效果。所以在史美兰案中，我发挥自己热爱文学的特长，把11个月来观察和记录的细节融入辩护环节，发表了一份融合法理情的辩护词，史美兰也是在这一部分潸然泪下、不能自已。

这份辩护词是这样的：

尊敬的审判长、人民陪审员，庭审进行到现在，我相信，合议庭已经发现一个事实，即：截止到2018年，作为曾经的成功人士，史美兰把自己1998年来常州后，20年来苦心经营的全部，都亏进去了，房子、存款全没了，车子也给别人开走了。全部的朋友反目成仇，她的父亲也在她被刑事拘留期间遇车祸去世，而她的母亲早在多年前去世。

在担任史美兰辩护人的过程中，我对一件事情记忆深刻：在史美兰被刑拘期间，在收拾她原来居住的房间时，她的前夫沈先生在床头柜里发现了大量安眠药。史美兰是2018年3月中旬联系我的，最后由我陪同到公安机关自首。可以想见，史美兰经历了痛苦的煎熬，最终放弃了悲观厌世，选择了一人做事一人当，直接面对自己所犯错误，选择把自己交给法律来做个了断。

今天是1月22日，再过12天，就是2月4日，除夕，也是史美兰的50岁的生日。人是各种社会关系的总和。但史美兰已经脱离了多重社会关系，"茕茕孑立，形影相吊"，注定将在孤独、病痛中度过这个生日。

50岁，是一个女人最风华正茂、可以孕育生命的人生阶段的终结。生意的失败，人生的破产，身体机能的衰退，是史美兰接下来要面对的现实，也是我们这个社会中一部分人生活现状的缩影。作为法律人，我们能做的，就是以证据、事实、法律追究史美兰的责任，而不能随意加大她的罪责。

尊敬的审判长、陪审员，优秀的公诉人，作为法律人，我们都知道，非法吸收公众存款罪属于法定犯，与自然犯不同，客观上存在识别的难度。现实中的企业、个人因融资难，导致在熟人间资金融通服务有很大的市场，如果不小心触及法律红线，具体审理中也应谨慎，并恪守刑法的原则，以免引发争议。

遵循罪刑法定、罪刑相适应，本案应当注意，史美兰没有明显的破坏金融秩序的犯罪故意，而且行为公开性不明显，借贷发生的圈子，也没有明显超出正常的人际交往范围，因此，可以在量刑中予以轻判。

当然，这并非要求法庭法外开恩，实际上，这是保持刑法谦抑性和坚持罪刑相适应的法治精神的要求。基于此，也基于庭审及在案卷宗所查实的事实和证据，希望法庭给予史美兰三年的有期徒刑并适用缓刑，谢谢！

回头时，我看到左前方六米外，史美兰清泪长流，鼻子、眼睛都红红的。

在史美兰床头发现安眠药的事，是之前沈先生告诉我的。而史美兰的生日在除夕当天，是我在她的身份证上看到的，这次开庭后，史美兰告诉我，那个日期不对，真正的生日是按阴历的。

庭后，周检和金检都走过来，关切地问史美兰的身体情况。史美兰因为严重的颈椎病，需要手术，但因为年龄大，手术风险很大。同时，史美兰有严重的子宫肌瘤，也需手术，但因为颈椎问题，医生建议保守治疗。

## 世间好前夫：分手未必真无情

沈先生最早是史美兰被拘后一月开始加我微信的，之前史美兰只淡淡说过一下。大体说沈先生不懂投资，就会买保险，说他不会说话。我那时才知道两人20年前离婚，有一个儿子读书很厉害，在国外。

初见沈先生，他着急史美兰的案情："儿子在电话里问我到底什么情况，家里人也问我。我离婚这么多年了，我哪里知道。你现在来了，史美兰的案子总共到底是多少钱？到底是怎么回事？"

沈先生说"到底"时，发音是"到儿"。后来史美兰取保出来后，有一次我学给她听，听到反复的"到儿、到儿"时，史美兰乐得眼睛都睁不开，露出因吸烟而发黄的牙。

后来我十多次去常州，沈先生每次必从镇江赶来请我吃饭，史美兰被羁押的后期身体不好，经常要些换洗的内衣、袜子，有的自己用，有的是给同仓姐妹做人情。每次都是沈先生不厌其烦地跑这些事情。史美兰不时需要存钱了，也都是沈先生过来办，沈先生把给史小姐存钱叫"上钱"。

大约是2018年8月的时候，沈先生告诉我，在收拾史美兰之前居住的房子时，发现了床头柜里的大量安眠药。沈先生讲给我的那次，神情凝重。沈先生后来经常要我带话给史美兰，比如"长点心眼，少说话"，比如"孩子仍然爱妈妈，等妈妈回来，不要乱想"。

史美兰是个要强的人，待在看守所的时候，里面多苦，压力多大，她会讲出来，但没有抱怨，从不流泪。唯有一次，我讲到她儿子时，意外地看到史美兰的眼眶湿了，伤感了那么几秒钟。

关于儿子沈英才，因为沈英才已经到了男大当婚的年龄，沈先生希望在将来儿子的婚礼上，起码史美兰能够出现。7月的一次，沈先生担心地说："如果因为诈骗给判个十几年。儿子结婚亲家会问，妈妈去哪里了？怎么没有妈妈了？"

后来史小姐取保出来，回了镇江，沈先生曾带着我一起走街串巷去吃当地特色鱼。有一次，沈先生突然问："你记不记得第几次来江苏了？"我一时愕然。沈先生说："算上这次，刚好是二十次了。"

1月22日第一次开庭后和沈先生一起时，我讲起史美兰开庭时流泪的事情，沈先生听了，脸上乐开了花，问史美兰："咦！你还会哭？我从来没见过的？"史美兰怪不好意思地低下头笑了。

2月25日上午11时，我和史美兰从镇江酒店出发，准备赶去常州参加下午的宣判。沈先生专程过来酒店送别史美兰。按史美兰的要求，家人都不要参加开庭了，所以那次是沈先生和她自由状态下的最后一面。沈先生进来时，史小姐坐在沙发椅上，沈先生边说自己路上过来的事情，边走到史美兰跟前，伸手捋了捋她的短发，史小姐停下和我的说话，低着头，一动不动。然后，沈先生说了几句保重的话，就推门出去了。史美兰大沈先生一岁，两人高中时就是同学，现在想起那一刻，我眼前宛然幻化出一对高中生离别的样子。

史美兰的案子发生前后，刚好我接的三个非吸案都涉及离异夫妇。北京的焦永舟，晚史美兰14天委托的，广州梁山案，早史小姐两个月已跟进。焦总和妻子马娟，梁总和妻子杨慧玲，刚好也都是离异。不过与沈先生情况不同，焦总，是为了规避北京的限购房政策办了离婚，梁总是为了躲避之前债主追债。

焦总的妻子马娟，因揪心丈夫和家庭的前途命运，在2018年5月的一晚隔着电话对着我大放悲声。梁总的妻子杨慧玲，因刚出生的儿子先天患病，在2月有一次和我通话时也是痛哭失声。也许，生活的重压让现实中的婚姻都被挤压得变形，但人性的悲喜，通过刑事案件正得以夸张地彰显，而我因为职业的关系，路遇了他们人生最低落的一段历程。相对于三十五岁的马娟、杨慧玲的痛哭失声，沈先生对史美兰的牵挂与关心，更多的是默默地奔波与付出。毕竟沈先生只比史小姐小一岁，已经是49岁的人了。

现在回头看，焦永舟在马娟痛哭完的第二天，2018年5月9日顺利取保，一年后解除取保，实现了彻底的无罪。梁山原来是同案三人中排名第一的嫌疑人，我经过和检察官沟通，没能不起诉，但在起诉时变成原三人中排名倒数第一的被告人，判决时实报实销，在杨慧玲痛哭后8个月恢复了自由。史美兰是在变更起诉时对诈骗罪免诉，最后顶格轻判三年。三个案件都有无罪辩护的介入，都不同程度地实现了无罪的效果，同一年里，有这样戏剧般巧合的三个案子，估计今后不会再有了。

2月25日第三次开庭完，从法院出来，去机场的路上，沈先生打电话过来，问我结果。我告诉他判了三年。他很感激，说欢迎我再来镇江，说："我代表全家感谢您！"从这句不经意的话里可以体会到，这个离婚20年的男人的心中，仍有一个家。

想到文章开头的宣判那一幕，史小姐对着法官不迭声地感谢，也是历经劫难后对自己有了一段新生而开心吧。史小姐、沈先生，还有我未曾谋面的沈英才，不同的三个人的新生活，或许都将由此开始，而三个人一道，才能汇集成一段家的乐章。

# 第五章

# 融资租赁居间商搞诈骗?
# 证据说话得轻判

———————————

无罪是刑事辩护皇冠上的明珠。当事人的自由、荣誉、财产、生命,值得辩护律师以合法手段付出一切努力去争取。

# 重罪梦魇：车贷中介变身"肉鸡"

在这个案子判前的一年里，在数不清的夜晚，崔永强总会在噩梦中惊醒，醒后总是一身冷汗。

那扑簌簌从手指间和脖颈间坠落悬崖的土粒，那黑黢黢深不见底却腾起一层白雾的断石悬崖，那崖石边上似乎仍在一个劲儿抖动着的小灌木的叶子似乎还朦胧可见……

每一次，他都喘着粗气，在弥漫着时浓时淡腥臭味的房间里，两眼瞪着房间上方的某处，直到天亮……

这里，是一个发生在汽车融资租赁行业，包括了10多名"受害者"的罪案。

公诉方指控的犯罪数额特别巨大，依法可判十年以上，以至无期。

但其实，包裹其中的，是骗子利用车贷中介作"肉鸡"，诈骗融资租赁公司汽车贷款，却让车贷中介被错误追诉的"乌龙案"。

崔永强，是这个案子中的主角，也是我的当事人，唯一的被告人。最早时，家人相信关系，让案件错过了37天黄金救援期。涉融资租赁、P2P的专业金融知识，再加上资金和人员混杂的庞杂证据，又让案件一次次从侦查人员手中溜走、从检察官手中溜走，一直来到法官的案头。

## 见第一面：这个老板不简单

第一次见到崔永强，他告诉我，自己曾在2012年一年赚了2000万元。吗咖曾广为人知，而他，就是热潮涌起之前搅动风潮的暴风眼中的那个人。

崔永强深谙人际交往的客套。我看到，对带他出来的辅警，崔永强每次双手抱头在后，转身坐下来前，都会一个劲地点头致谢，客气得很。他善于把自己的案情诉诸笔端，不时地在会见沟通开始前，利用转身的机会扔厚厚一沓的案件反映材料给我。

在材料里，在会见时，崔永强像祥林嫂般一遍遍地诉说，自己被陈有朋这个恶魔当成"肉鸡"，以假材料骗取融资租赁公司的钱，最终陈有朋跑掉了，他却被抓了。而崔永强在被抓后才知道，认识多年的"好朋友"陈有朋，真名其实是"马某胡"——一个网上通缉犯。

当年，为迅速融入车贷行业，崔永强通过朋友介绍认识了马某胡，马一看就是江湖人，说话利索、气场足、为人大度。

崔永强知道，朋友交往，做人不能小气，所以在马某胡开口借钱、合作需要先垫付时，他前后支出了200多万元，马某胡也陆续还了有50万元，但都是从马某胡的奇喜公司的公账转进他私人银行卡的。

反正是朋友间交往，崔永强也没计较那么多，但在见到我时才感到害怕："现在麻烦了！我转钱给他，走的是私账。他还款却都是公账转来的，他的钱会被认为是业务款项，但我是用自己的银行卡收的，虽然是私人还款，面对警察，我怎么说得清楚？"

崔永强的麻烦在于，马某胡是诈骗犯，而涉案公司银行流水会显示，他崔永强也分了一杯羹，那他也是同伙。

踢爆这件案的导火索，是何卓梅托熟人找到崔永强，想用贷款买一部68万元的宝马，但听说这款车当时已经停产。崔永强习惯性地找马某胡打听，马说有货。于是崔永强答应了何卓梅，代收首付款15万元，开出了发票。马某胡办好了车辆发票、保险、合格证、税单，崔永强手机微信收到图片后，让工仔转给了深圳仟河公司，仟河公司则递交给重庆总部的中联益财融资租赁公司。中联益财审核后，放款给仟河公司按揭款45万元，一层层给到崔永强。

崔永强这时已经和马某胡合作了两个月，他发现马某胡经常出现延期交车、无法交车的情况。有几次，仟河公司都因没有收到月按揭还款来找崔永强，崔永强又回头找马某胡。所以这次，对自己朋友介绍来的客户，崔永强特别留意地催马某胡，让他抓紧时间交车。

但仍然拖了20多天，眼看快过年了，到了2018年2月中，仟河公司开始催客户还按揭款，何卓梅没有收到车不肯还。

崔永强知道了赶紧去问，马某胡说遇上北方大雪，车在路上给堵了，得缓一缓，反而催促崔永强支付物流提车款。崔永强感觉说得有理，所以按行业惯例，先转了10万元的物流提车费给马某胡。这一缓，就到2月底了，中联益财追仟河公司，仟河公司追崔永强，崔永强追马某胡得到的答复却总是说快了快了，另一头，何卓梅也赶来找崔永强：不给车，就退钱！

崔永强成了风箱里的老鼠两头受气。他先替何卓梅给仟河公司偿还了每个月的按揭款，3月初、3月底、4月底每次15000多元。后来，到4月份，无奈把首付款退还了何卓梅。按正常操作，购车人直接向马某胡买车，尾款不足时，马某胡通过崔永强申请贷款，崔永强每笔可赚2500元左右。

这次何卓梅直接找到崔永强，崔永强琢磨着，能多赚些介绍费。

不承想介绍费没赚到，人还进了班房。宝马车没回来，4月20日，警察的传唤令到了。原来，等不及的仟河公司，派出精干的刘单单经理，向警方报案，称被崔永强以购车贷款为名诈骗14部车按揭款共计180多万元，其他13部车的情况虽然各不相同，但都被整理成指控崔永强诈骗的证据。

## 刑案魅影：掮客插手帮倒忙

根据相关法律规定，以非法占有为目的，在签订和履行合同过程中，骗取对方当事人财物，数额在2万元以上的，应予立案追诉。虽然辩护律师认为这个案子主体应认定为贷款诈骗，但无论是哪个罪名，共计180多万元的金额，都像一把寒光闪闪的利剑，横亘在崔永强被关押的每一个日夜、每一个时刻，甚至是每一次的呼吸之间。

崔永强恨那个以打着关系旗号骗人的洪某。洪某是刚出事时，朋友自告奋勇介绍来"帮"他的。答应37天出来，后来其实什么都没干。现在，崔永强说："我恨不得杀了他！"

崔永强思念小兰，要我传达他曾经给小兰的承诺，他保证一出去即刻兑现……

但前提是，啥时候能出去呀？三年？五年？还是十年？此时完全是未知数。了解案情后，我一遍遍地跑检察院，阅卷、补充阅卷、再补充阅卷，就案件中的问题，申请检察院不起诉、再次就补充后仍存在严重问题提请不起诉、申请取保。

融资租赁是较复杂的一种商事法律关系，系以租赁为名，行融资之实的民间商事行为。在这个案子中，中联益财就是传说中的融资租赁公司，业务之一就是为购车车主提供缺口资金，帮车主购得车辆后，按月收取按揭款。

中联益财为拓展业务，与注册在深圳的仟河公司、鑫诚P2P和东莞西珠公司等企业建立合作关系，再向下游寻找车行或个人。融资租赁公司、P2P公司或信息公司、中介、车行，形成了一个长长的链条，大家各取所需，分层赚取大小不等的利润。

在汽车保有量迅速攀升的近几年，这种融资模式，在全国范围内攻城略地、迅速扩张版图，让融资租赁公司赚得盆满钵满。当然，迅速扩张中，也给一些灰色地带生存的犯罪分子留下了可乘之机。

照片审核、空白合同，是交易中可能埋雷的环节。

按设计，中联益财与购车人签订买卖合同，中联益财以买方名义支付款项并取得车辆所有权，同时，中联益财与购车人又会签订租赁合同，约定将"自有"的车辆出租给购车人，购车人按月支付按揭款。这就是通常大家所讲的"以租代购"。所以，购车人既是承租方又是车辆的出卖方，而融资租赁公司既是出租方又是购车方。

在这个设计中，因为购车人本身没有车，所以类似崔永强的贵锐公司这种消息灵通、资源丰富的中介，就以帮助找车的角色介入其间，并引入马某胡的下游车行，以车行的车辆作为交易标的，共同形成了现实中完整的交易链条。

为保证车辆和款项交付的安全，融资租赁公司要求购车人提交购车发票、保险、合格证、税单、签约照片、车辆交付证明书，以确保交易真实有效，且车辆已交付。这些证、照、单据以照片形式，通过微信转发，经由车行、中介，来到融资租赁公司，融资公司审核后打款给中介方，中介扣除必要中介费后转至车行，购车人则依《扣款协议》约定按期支付按揭款。

问题是，发票、保险单、签约照片，有造假的可能，而购车人求车心切，往往只是简单地按车行要求在《车辆交付证明书》上签名，并不审查证明书的实质内容。这样，车辆交付也可能虚假，融资租赁公司支付的购车款，就此便打了水漂。

崔永强的贵锐公司是一个居间方，而马某胡的奇喜公司是连接客户的车行。中联益财在放出何卓梅等14人的购车尾款后，因无法收回按揭款，而由深圳仟河代为报案。实际上，14人全部因马某胡伪造车辆发票、保险、税单、关单引起，但在马某胡出逃后，深圳仟河抓住了无辜的崔永强作为"接盘侠"。

律师之所以向检察院申请不起诉，是介入后了解到的情况，包括阅卷发现的问题，已经明确看出：崔永强仅仅是信息中介，只赚取微薄的中介费，崔永强未参与车辆采购及票、证单据的任何运作，根本不存在伪造有关资料的可能，不存在虚构事实或隐瞒真相的行为。

## 购车14人：竟无一人受崔骗

报案人刘单单经理提供了购车14个人的名单，并统计出总计放贷损失金额为186万多元。这个金额也是起诉书认定的犯罪金额。但核实购车14人的情况，可知无一人可证明崔永强参与了诈骗。

何卓梅的车款是较复杂的一个，也是一审判决中唯一保留下来，认定崔永强构成合同诈骗的部分。但对照证据可发现，崔永强没有犯罪事实。

1月31日，崔永强的贵锐公司收到仟河发放的车贷款45万多元。2月初，按商业惯例转出10万元给奇喜车行作物流提车款。在何卓梅没拿到车的情况下，崔永强依其对何卓梅的承诺，代何卓梅分别在3月初、3月底、4月底，按月偿还按揭款15000元左右。4月底，在何卓梅仍不能依约提车时，崔永强通过亲戚银行卡，分四笔共向何卓梅退还车辆首付款14万多元。这笔14万元的车款，比何卓梅买车时少了1万元，这是代为购买车辆的保险费，这1万元崔永强没收，所以崔认为也不应由自己退。

从退还14万元首付款和三个月按揭款可知，崔永强根本没有非法占有他人财产的目的。他退钱的行为，是负责任地解决商务纠纷的方法。

再看梁青春的车款。这也是报案材料指证崔永强诈骗的一部分，但结合银行流水可知，不能依此证明崔永强构成诈骗。

2018年2月8日，崔永强的贵锐公司账户收到梁青春的车贷款98000多元，第二天，又分两笔转出10万元给崔永强的银行账户，也就是由崔永强提走了。对此，崔永强说，仟河公司之前曾让崔永强交了一笔10万元的保证金，但崔永强对此有异议，认为这不符合交易惯例。崔扣留该笔款项，对于仟河公司是行使与合同价款（事实上的保证金合同）相当的抵销权的行为。结合案卷中的银行流水，2018年1月31日，贵锐公账转出给仟河公司的关联公司东莞西珠公司10万元保证金，可印证崔永强所讲的是事实。

同时，这笔钱本应向奇喜公司发放，崔永强之所以没有打款给奇喜，也有对马某胡行使合同价款抵销权的成分。马某胡之前多次以资金周转或合作垫支为由，拖欠了崔永强大量款项，此时年关将近，崔扣留这笔款，正是私人间的债务抵销行为。当然，这不光是崔永强在笔录中和开庭时的辩解，银行流水显示，2017年10月至2018年4月，仅5个月时间，崔永强就出借72万多元，仅收回62万多元，可部分印证崔永强庭上的辩解。

再看李雪兰的情况。李雪兰的车款也确实被骗，但跟崔永强是八竿子打不着。

李雪兰于2017年10月想购车时，被陈一明（马某胡的另一化名）先以保证金名义骗收了1万元。三个月后，为李雪兰办理了车贷手续后交付了一部宝马车给李雪兰。李雪兰使用了两个月，发现无法办理上牌手续，其实这是因为车辆没购买购置税导致的。李雪兰不知，去问陈一明，陈一明说这部车已在之前卖给其他人，需要给她换一部车。随后，安排人员将宝马车开走，最终杳如黄鹤。整个过程，都是马某胡实际接触和安排，李雪兰根本没有见过崔永强，也不知道崔永强是谁。

这件事还有第二季。李雪兰被骗后，委托律师向佛山法院起诉。法院于2018中作出判决，判令佛山豪流公司和广州钦驻公司向李雪兰支付37万元的首付款和车贷款。而豪流公司、钦驻公司的法定代表人，正是陈一明（马某胡化名）及其马仔陆佳军。这一判决也可证明，案件与崔永强不存在任何关联。

李雪兰涉案的另一蹊跷之处，还在于她的购车发票，经警方鉴定为假。而这些假发票，据马某胡的马仔陆佳军讲，是他自己化名唐耀君，通过微信向祝小牛购买。祝小牛则详细介绍说，这是一种月票，涉票金额超过一月未按17%缴税即为违法，所以他们都会在一月内将发票注销。办案人员在案件中，逐一向陆佳军、祝小牛了解到的假发票的获取过程，同一批假发票，还包括梁青春、马在玉、彭超国、林英然等共五张，涉及金额70多万元，但陆佳军并未被追究，只是作为证人简单问话。

购车14人中，还有部分人，根本没有购车意愿，仅仅是经朋友介绍，想要贷款，而配合伪造了材料，给中联益财造成了损失。比如，廖夏天、廖生亮。廖夏天经朋友陆健康介绍，得知可以贷款购车，不需要车的，也可得8成贷款。急需用钱的他，循线找到了岳山，经岳山介绍到奇喜公司办理了9万元贷款。其后，又将这一信息告诉了廖生亮，廖生亮依葫芦画瓢，借得10万元。二人后来自称没收到钱，他们根本不认识、也没见过崔永强，对车行后来有无买车，也不知晓。而二人所去的奇喜公司，正好是马某胡的公司。

彭超国的情况，与二廖有些类似，而其经过更夸张。彭需要资金周转，朋友李达军知道后，以奇喜公司的名义转了3万元给彭超国，后来，害怕彭举报，李达军说再给他5万元叫彭不要再追究了。而对于崔永强，彭根本没见过。

购车14人中，还存在直接伪造签名、指纹的情况，那就是林英然。林在核对"自己"的购车合同、车辆交付证明书、扣款协议时，足足看了五分钟，最终确认并非本人签名。但他说，自己没见过崔永强，也不认识崔永强。对林英然的签名、指纹，办案人员未经与崔永强的签名、指纹比对，即作为崔永强涉嫌构成诈骗的证据，令人十分不解。

购车14人中，除假发票外，还存在一个共通问题，即大量被害人没有制作笔录。包括杨早、江雨兰、阎小玉、袁大总、蒋化玲、马大玉、梁青春、梁朱红，这8人共涉69万元左右贷款额，但警方没有向他们了解情况，直接以报案人刘单单的报案材料将其列为被害人，将金额计算为诈骗金额。

放贷14人中，有一种较特殊的情况，就是崔永强正常办理了车贷的客户，也被认定为被害人。比如，前面讲到的阎小玉。她直接通过崔永强办理了车贷，也正常拿到了车辆，且如期支付按揭款。报案的刘单单提供的材料中，有她的联系电话，且注明可正常联系。但不知为何，办案人员没有找她问话，其购车款却被作为指控崔永强犯罪的证据，明显地张冠李戴。

张景则有所不同，他是坤金电子商务公司代表，公安人员曾到福建，外调了坤金公司购车情况。据该公司张的陈述，公司通过汕头一公司了解到贵锐公司有车资源，挑选合适后，再根据汕头公司提供的贵锐公司的账号，于2018年1月30日打款给贵锐公司，之后，到指定的地方提车，目前已收到车辆。

张景和坤金公司的情况可证明崔永强的贵锐公司是正常从事车贷经营业务的。同时，还有另一些人员，案件中已查实，是崔永强正常提供车贷中介服务，并正常交付车辆的且按期支付了按揭款，除张景、阎小玉外，根据银行流水，可见还有陈白娟、王大妮、谢同心。除去购车14人中未经崔永强本人购车的李雪兰、彭超国、林英然及前面讲到存在商务纠纷情况特殊的梁青春外，其他10人的车贷款，经由崔永强贵锐公司账户，均只正常扣除了2500元的中介费，就打给了奇喜公司。也就是说，这些银行流水，都可印证崔永强为正常车辆贷款中介经营者，而且直到案发前，一直在正常从事中介工作。

## 定性之争：到底包藏了一个什么罪？

真相之外，案件定性是否准确？

崔永强案在立案后，定性问题一直如影随形。移送审查起诉时的罪名为诈骗罪，而起诉书中是合同诈骗罪。

根据起诉书，结合案件证据，公诉方的入罪逻辑是，崔永强在他所签订合同履行过程中，因为涉及了利用虚构事实或假冒他人名义，骗取中联益财的贷款，所以无论崔永强是否参与到诈骗行为中，都应对合同履行不能导致中联益财财产损失承担刑事责任。

因为中联益财经由仟河公司拓展业务，而崔永强基于合同中约定的贵锐公司应对合同资料的真实性负责，而且不论这一诈骗行为是否为崔永强实施，现在都要追究崔永强的责任。辩护律师认为，这一思路，是将合同无因性原则，应用到刑法中，显然是错误的。如果可以在本案中沿用这一原则，那么对于签订合同后导致中联益财损失的仟河公司，同样要承担提供贷款资料不真实的合同诈骗责任，包括其公司刘单单经理在内的责任人员都应被追究刑事责任，同样，与中联益财签订合作框架协议的西珠公司，也要对自己核审与履行合作协议过程中，导致中联益财的财产损失，承担刑事责任。这样当然是错误的。

实际上，刑法与民法不同，刑法领域执行的是穿透性审查的原则，即穿透表面上的民事、商事违法表象，而追究其中真正实施犯罪的人员。经过侦查，发现案件中存在的犯罪事实符合刑法中具体哪个罪名的构成要件，就应以此追究相关人员的责任，这才是罪刑法定的要求。这时，根据查清的事实，既不应该追究与诈骗无关人员的责任，也不应该放纵对应负责任人员的追究，更不应该对犯此罪的人员用彼罪追究其责任。辩护人认为，基于案件查明的事实，不应认定为合同诈骗罪，而应认定为贷款诈骗罪、诈骗罪。

很明显，被追究的首先应是马某胡。因为马某胡通过提供伪造车贷资料的方式，使中联益财产生认识错误，进而处分了财物，也就是发放了车贷款，而车贷款的最终去向也是由马某胡的公司收取。所以应该以贷款诈骗罪追究马某胡的刑事责任。对提供帮助的陆佳军，同样应该追究其从犯责任，而祝小牛，视情况可能构成贷款诈骗罪的帮助犯或伪造发票类犯罪。对于马某胡以非法占有目的，以换车为名骗取李雪兰的宝马、以检测为名骗取周七根的沃尔沃、以资金周转和垫支为名骗取崔永强的款项，应认定为诈骗罪，相关金额分别计算。

诈骗罪、合同诈骗罪、贷款诈骗罪，是法条竞合关系的三个罪名，其中合同诈骗罪是诈骗罪的特殊条款，而贷款诈骗罪又是合同诈骗罪的特殊条款。三个罪名中，诈骗罪需要以非法占有为目的，同时虚构事实或隐瞒真相，从而使他人陷入错误认识或维持原错误的认识，并基于错误认识处分财物，在被害人失去财物的同时，行为人取得财物。合同诈骗罪在此基础上，要求行为发生在市场交易的背景下，而且利用了签订合同的手段实施包含上述五个构成要件的行为。虽然起诉书认定了案件中以合同作为手段，骗取财物的特征，但对融资租赁公司为金融企业的本质特征认定不准，对案件中实际造成损失的是中联益财金融资金损失的特点认定错误。

金融犯罪的特点是导致金融机构的损失，同时对金融管理秩序造成了严重的破坏。崔永强的案件中，马某胡通过提供虚假票、单、证和证明书等行为，在短短几个月间，骗取中联益财180多万元。这样的破坏，相对入室盗窃、扒窃、抢夺等传统财产类犯罪，无论是金额还是危害性，都明显较强。

刑法关于贷款诈骗罪的表述是，以非法占有为目的，诈骗银行或者其他金融机构的贷款。融资租赁企业，属金融企业，属于上述条文中的"其他金融机构"。当然，骗取融资租赁公司财产被认定为贷款诈骗的案件，在实务中同样大量存在。

180多万元可能判多少年呢？金融诈骗案件中的数额，不仅是定罪的重要标准，也是量刑的主要依据。实务中，20万元以下的合同诈骗罪判处在三年以下，超过20万元未超过100万元的在三年到十年量刑，而金额在2万元以上20万元以下，同时具备诈骗救灾、抢险、扶贫、移民款项，以赈灾募捐名义实施诈骗，诈骗残疾人、老年人、丧失劳动能力人的钱财，或导致被害人自杀、精神失常，或系诈骗集团首要分子，或存在其他严重情节等六种情形的，同样可判处三年到十年有期徒刑。崔永强案中的马某胡诈骗金额达到100万元以上，可判十年以上至无期。

按原来公诉人的指控和报案人的报案材料，崔永强作为共谋合同诈骗的主犯，一样可能被判处十年以上。

这也是导致崔永强在最早三个月瘦了二十多斤、夜夜噩梦的原因。

# 法庭初对垒：发问是个技术活儿

3月初，案子还是递交到了法院。

4月17日上午，第一次庭审开始。只有一个被告人，法院原计划一个上午搞定，最终开了三个上午，从4月中开到5月初。发问、质证、辩论分别占了一天。

很多时候，发问和对言词证据的举证、质证是公诉人的主场。公诉人既有这方面的专门培训，掌握专门的技巧、方法，也有系统书面材料作支撑。而且因为刑事案件都有情节、有脉络，因此有气场的检察官，甚至可以在庭上慷慨激昂地展示对犯罪的愤慨。

但崔永强案件的庭审，出现了开高走低的局面。

崔永强在之前的8次讯问中，始终坚持自己无罪，庭审中，同样坚持自己无罪。他毫不妥协的立场，让案件从发问开始，就出现了控辩相持的局面。

180多万元的诈骗罪，退一步，就是万丈深渊，就是万劫不复。明白没有退路，才会绝地反击。

这次开庭前，我专门去给崔永强辅导时，他惊诧道：就要开庭了？我则在他的反应中感慨，开庭前不告知被告人带有明显的突袭味道。虽然事实上后来崔永强的庭上表现很棒，但要知道他曾是生意场上头脑灵光的风云人物，而且有辩护律师。

原通知9时开庭，到9时40分。周法官抱着一摞牛皮纸袋包的卷宗，落座，法槌敲响后，正式开庭。

在法庭讯问时，周法官问崔永强对指控的罪名是否有异议，崔永强从怀里摸索出准备好的纸，打开，一改原来祥林嫂式的腔调，言语铿锵，给人印象深刻：

尊敬的法官。我不构成诈骗罪。我和陈有朋因为商业合作而认识。我对他是网上在逃的犯罪嫌疑人完全不知情。

在我和陈有朋的贷款购车商业合作关系中，我是中介，陈有朋提供车辆及购车人资料，深圳公司负责审核，我只负责在中间递材料，并赚取2500元的中介费。我对陈有朋虚构购车人及车辆资料的情况完全不知情，对我介绍的何卓梅的购车，向仟河公司贷款购车，我在发现何卓梅拿不到车后，立即帮何卓梅退还了首付款，并帮何卓梅垫付按揭款，积极协调解决问题。

陈有朋事情败露，逃跑了。警察找到我问话时，我才知道陈有朋一直以来都在骗别人，才知道他真名叫马某胡。对所有经我公司购车的人，我都有履行正常的中介手续，所有银行流水都可以查到。中联公司受损，是因为马某胡在购车资料上造假，我在案件里，也是被害人，借给马某胡和帮他做生意垫付的钱，有100多万元到现在都还没有收回来。

这次开庭前，律师团队专门在酒店包房冲刺备战，中间的问题经过庭前辅导、发问提纲、分类质证意见、辩护词的撰写，辩护意见已经充分夯实。对于发问，辩护律师明白，这个环节一方面在向委托人发问，另一方面实际更重要的是引导法官注意到案件中的问题。

基于对案件的充分分析，开庭时我索性抛开发问提纲，把对错案的愤怒，化作对无罪效果终极追求的义愤。既调动了法庭的气氛，也引起了法官对案件的充分注意。发问围绕以下几个问题：

一是马某胡的名字，崔永强是案发后，通过警察讯问时才知道马某胡的真名，之前一直叫他陈有朋。对于马某胡是在逃犯，崔永强也是警察告诉他才知道的。以此，可还原崔永强也是被害人的真相。

二是崔永强仅仅是中介。融资租赁中的每一步，都涉及不同环节的商业利益，因而每个环节都是单线联系，所以刘单单并不认识马某胡，进而在报案时，认为合同中的假票、证、证明书都是崔永强伪造的。

对此，我明知故问："崔永强你为什么不让马某胡直接联系仟河公司？"

崔永强响亮地回答："如果我让他们直接联系，那就没我什么事了。"

漂亮!

三是对于刘单单报案时称自己没来过贵锐公司,实际上,在车贷纠纷处理过程中,刘单单前后来过公司三次,对公司地址和环境都很熟悉,不存在刘单单单方面在报案材料中所说的"变更营业地址和逃匿"的情节。对这个问题的回答,让法官认识到刘单单在公司授权处理此事后,不排除经高人指点,为急于挽回公司损失,而胡乱找崔永强这个老板来背锅的可能。

四是崔永强和奇喜公司之外的其他车行也有合作,崔永强有自己独立的客户渠道和车行资源。何卓梅、阎小玉、谢同心、王大妮、张景等,都是崔永强自己的渠道提供的客户。有的通过其他车行已经提车,而且在正常按揭,如阎小玉、张景、谢同心、王大妮、陈白娟等。像何卓梅之所以无法交车,是由于马某胡造假导致的。

崔永强公司也给马某胡介绍的购车人办理过车贷,无论崔永强本人经手,或通过其公司工作人员直接办理,所有款项,都经过公司公账后,打给了奇喜公司,崔永强作为中介,只收取中介费用。

周法官,不到40岁的样子,对观点对立的发问环节,饶有兴趣地稍歪着头倾听,中间,会翻手头的卷宗,很少出声。或许在以往的法庭上，少有如此较真且思路清晰的当事人＋律师。

11点半时，法槌声响起，周法官宣布休庭，择日通知第二次开庭。

## 质证可视化：图表呈堂好说事儿

4月24日，第二次开庭，专门的证据出示和质证。

对于在案证据，罗检察官按证据种类分别出示，重点从刘单单的报案材料中，挑选出崔永强变换办公地址、停掉电话号码等不利内容进行宣读。

公诉人思路的侦查化倾向，是法庭上常见的情形。这时，除非得到专业律师的辅导，被告人往往对证据是一片空白，这样，在滚滚向前的陌生的庭审流程中，基本会陷入无所作为。此时被告人如果缺少了辩护律师的有效对抗，庭审就会变成单方面的碾压。因此，质证是决定案件走向的关键阶段，也是考验辩护律师专业方法与投入的时候。

我对这部分证据提出：刘单单说崔永强"偿还前几期的贷款是为了骗取后面的款项"，但从刘单单自己提供的报案材料可以看出，崔永强和贵锐公司是有实际抵押的，而且可以证明贵锐公司实际交付了部分车辆。

刘单单声称"通过电话找不到崔永强",但崔永强在笔录中已经作出了合理的解释,因为那是他用别人身份证办理的手机卡,因为不方便开展工作,所以才注销的。而且,根据通话记录的清单可以看出,刘单单与崔永强从2018年2月1日至2018年4月2日共通话6次。

而且,崔永强本身是主动前往公安机关归案的,根本不存在逃匿的情况。刘单单所说的"贵锐公司在收到车款后,公司即消失"是不真实的。从贵锐公司的银行流水、崔永强使用的银行流水显示的多笔车款可知,在崔永强被公安机关刑拘前,一直从事正常车贷生意。

总结对报案材料部分的意见,刘单单与本案有着重大的利害关系,不排除在找不到也不认识马某胡的情况下,直接找崔永强承担目前的损失。但仅仅从刘单单报案时提供的所谓疑点,并不能认定崔永强有隐瞒真相实施诈骗的行为,况且,所有的疑点都能得到合理解释,或者可从其他证据找到反证。案件卷宗中有大量银行流水和证言可以证明,实际上崔永强及贵锐公司一直在规范合法经营车贷业务。

除去被告人和报案人,就是本案的证人。

我们在开庭前,先给24名"核心证人"制作了证言表,用不同颜色标识其核心证明内容。这时可见,"证人"中又混合了三种人:购车人(被害人)及其朋友、车贷行业从业人员、出售假发票的人。

这里的证人，之所以打双引号，是因为法律上的证人，是知晓案情的人，与案件中的被害人有严格区分。但本案中的被害人，其实很难说是被害人还是诈骗的同伙，而且因为都使用同样的问话笔录，所以至少从表面看，没有明显的区别，所以这里我把他们统一称作"知晓案件情况的证人"，下文有区分时，会特别说明。

出售假发票的"证人"就是祝小牛一人。

于是，团队成员从24人中专门将起诉书认定的"被害人"单独列表，彩色标识分析出14名被害人中有8人未被调查问话、5人所涉假发票系马某胡马仔购得（跟未被调查问话者有重合）、2人为商业纠纷且1人已解决并取得谅解。通过这样的层层剥离，案件的真相以可视化图表显露出来。

为了方便审判长理解，我把24人的言词证据列表、15人情况表的彩色打印版，提交给法庭。当然，因为并非辩方证据，这样的分析材料，无须提交给公诉人。

我还记得提交材料时，法官没有丝毫犹豫，对这些犹如"剥到白菜心"的材料，眯着眼、习惯性地侧着头伸手接了过去。

奇喜公司6人、贵锐公司4人、钦驻公司1人、东莞车行1人、花都车行2人。这14人是"被害人"之外的重要人物。

奇喜公司高人辈出。根据言词证据可知，核心人物是马某胡和陆佳军。马某胡出现在案件中，有时叫陈有朋，有时变身成陈一明、小马哥，共使用过三个假名。马某胡主要负责找车辆合格证、保险发票。马某胡的得力马仔陆佳军，负责提供购车人的身份信息、购车金额、购车人签订合同时的照片。奇喜公司还有负责跟单的朱西、曾受马某胡指使给李雪兰上车牌的卢过东、出借银行卡给马某胡的马三杰、名义法人李杰家，分别接受过问话。

花都车行的楚同英，介绍了阎小玉在贵锐公司办理正常车贷，这次交易已正常交付车辆且正常按揭。这个是与马某胡没有任何交集的购车人，既可证明崔永强有自己的车行资源，也有自己的客户渠道，而且有完整合规合法的车辆交易记录。钦驻公司员工马小明介绍了何卓梅购车，因受马某胡欺骗无法交车后，崔永强已向其退款。

东莞车行的美姐、岳山，他们先后给马某胡介绍了几个人购车，包括被害人14人中的廖夏天等4人，但马某胡没有按承诺兑现给他们中介费。美姐被问到崔永强的时候说："我跟崔总沟通很少，就是来过他们车行见过一次面，沟通也是生活问题。"由此，也可从侧面反映，崔永强是一个有职业操守的人，对于美姐这样与马某胡车资源"一条线上的人"，他没有过多地攀谈生意上的事，不存在试图撬别人墙脚，"沟通的也只是生活问题"。

再看14名被害人。

李雪兰、梁青春、马在玉、彭超国、林英然，这5人的假发票已证实由马某胡的马仔陆佳军联系开出。此外，梁青春、马在玉都没有接受调查。而彭超国、林英然接受警方调查时都说，自己在不需要车辆的情况下，经朋友介绍办理了车贷手续，两人都不认识崔永强。而介绍彭超国买车的正是马某胡公司的员工。林英然的签名、指纹被假冒，但不知被谁假冒，与崔永强无关。马在玉、彭超国、林英然的车贷款均正常进入贵锐公司账户，扣除正常中介费后，转出给奇喜公司。梁青春的车贷款存在复杂的商事纠纷，但其本人并没有接受调查，具体情况不明。

李雪兰的车贷与崔永强无关，根据法院作出的民事判决，由陈佳军和陈一明（实名为马某胡）负责赔偿。杨早、江雨兰、阎小玉、袁大总、蒋化玲、马大玉、梁青春、梁朱红，这8人没有接受调查，其中杨早、江雨兰、阎小玉、袁大总、蒋化玲、马大玉、梁朱红7人的车贷款有银行流水显示，正常进入贵锐公司账户，扣除正常手续费后转入奇喜公司。梁青春款项存在商事纠纷，可能涉及双务合同履行抗辩权或企业间同等价款抵销权，由于梁青春未到案信息支离破碎。

此外，就是廖夏天和廖生亮，他们通过花都车行的美姐、岳山，以车贷为名，实为个人贷款，而最终被马某胡借用身份资料骗取了融资租赁公司19万多元。二廖既没收到钱，也不知车有没有买，却提供了已经收到交付车辆的证明书并签名、按指纹。

从银行流水和补充调查材料中，还衍生出张景、王大妮、谢同心、陈白娟，他们的笔录或银行流水，都能证明是经过崔永强正常购车，且双方无任何纠纷。就像一场伏击战，对垒到此，已经剥去了报案人无端指责，还原了诈骗犯实为马某胡的真相。

## 铁证说话：唤醒沉睡的流水

对于刑事案件，一般人较习惯也更喜欢从言词证据入手，因为故事性强。但在金融犯罪案件中，银行流水才堪称"铁证"，只有充分、逐笔核对有关银行流水，才能说明具体的资金往来，才能说明一个人是正常经营行为，还是皮包公司的诈骗行为。当然，银行流水既沉闷又无趣，面对枯燥乏味的数字，最容易让人打瞌睡，包括公诉人，包括律师，都是容易忽视的部分。

证人证言、被害人笔录，都存在不确定性、多变性，学理上称之为主观性证据。可能一念间，或受到诱惑或误导，一下子就说出口了，又或者说的和记的不一样，也懒得改了，反正和证人自己的关系不大。

但是刑事案件法律责任的认定，差之毫厘，谬以千里，基于这样的言词证据审判得出的结果，不堪设想。再加上，我国的庭审，基本没有证人出庭，导致公开审理，也演变成了公开的书面材料审理。但是如果能让案件中的银行流水"开口说话"，无疑可以准确地反映事情的真相。

这次的庭审，在一次次会见崔永强后，我对这堆证据中隐藏的资金往来，产生了巨大的疑问。我相信，这里藏着这个案件的真相，谁拿到了，谁就拥有了无可辩驳的力量。我和助理黄宇用了五天，都泡在这堆数据里，一一核实，用彩笔画出来。

就像战斗打响前，备下了压倒性的杀伤性弹药。

4月24日上午，在前面的言词证据质证部分，公诉人摘章择句，就着提前组织好的证据材料，宣读了一下。而在银行流水部分，只草草一句："卷6、卷7，是涉案银行流水。证据出示完毕。"

这时，已是上午10点半，大约按照常规，预想中的辩护律师也就是形式化地讲两句反对的不同意见，然后辩论，再然后休庭。

但有效的辩护，首先需要打破常规。

崔永强这次并不知道律师做了什么埋伏。当法官问他的意见时，仍泛泛地讲了几句，然后说："让我的律师帮我说。"

我先把一一列举的涉14人银行账目明细的专项质证意见提交法庭。当然，因为不是证据，同样无须提交公诉人。

前面质证言词证据时，只提交24人言词证据和14名"被害人"情况统计表。现在，才专门提交14名"被害人"的账目明细质证意见，分开提交的好处：一是避免法官一下子拿到一大堆材料搞混搞乱，干脆不予理睬；二是分层步步推进，更方便法官理解其中的问题。

这份16页的书面材料，对每个人的资金往来，采用"表格+卷宗材料截图+文字注释"的形式，彩色双面打印，对每个人的资金出入进行了逐笔逐项统计。在14人的分析之后，以列表的形式对总金额进行统计。1867526元的金额，与起诉书的指控分毫不差。证明起诉书所指控的，正是14人的车贷款项。但是，根据银行流水的分析可知，每笔车款都是从融资租赁公司打入后，扣除必要费用，再转出给下游的奇喜车行，进一步印证了资金的流向终端，证明公司控制人马某胡才是涉案款项的真正攫取人。

质证意见接下来，还对没有被指控，但出现在卷宗材料中的贵锐公司与张景、王大妮、谢同心的资金进行了同样的列表分析，以证明流向其他车行的资金不存在任何纠纷，可知崔永强是从事正常车贷经营的，而同时反证资金流向马某胡奇喜公司的问题，不应由无辜的中介崔永强承担。

这份质证意见在最后，再一次结合在案其他证据综合论述，强调14名所谓"被害人"，全部参与了在交付车辆证明书上签字造假，14人事后又说自己没收到车，前后矛盾至少说明其被害人的身份存疑，14人全部可能构成本案诈骗罪实施中不可缺少的一环。还有就是，梁青春等8人根本没有到案参与调查取证，没有制作笔录，结合报案人称14人中有存在电话无法联系或不能接通的情况，则不能排除梁青春等8人与诈骗分子串通，分取非法利益的合理怀疑。

由于根本没有想到，辩护律师会在黑乎乎、密密麻麻、重重叠叠的银行流水上做这么多工作，罗检察官显得有些意外，手头上又没有图表资料，只能直愣愣地伸着脖子听，等到辩护律师发表完质证意见，面对根本没能细看的厚厚案卷，这时无论如何也无法补课，又看不到律师整理的图表。只有尽力地保持镇定，一边随便地翻翻案头的卷宗，一边随口回了几句，与之前的宣读不同，这次显得更随意、口语化：

"……你那么多的资金都流出去了，不就是非法占有吗？"

这一点其实站不住脚，因为正常做生意，都会出现资金流进流出，只要是合法的生意往来中的正常进出，并没有什么问题，更不会构成犯罪。除非经过逐项核对，发现可以证明所指控犯罪的异常。但恰恰控方并没有进行核对。

"何卓梅的车款，你把账户上的钱都转走了，那人家提车时，你怎么给车行？"

公诉人的指控逻辑是，崔永强划走了何卓梅45万元的车款，就构成非法占有。但对此，我们早有预备。我回应说，在没有拿到车行交付的车辆的情况下，拒绝付款给车行是行使"双务合同抗辩权"。否则，车都没拿到，又把钱全部打过去，就会"鸡飞蛋打一场空"。就是明着往火坑里跳，不符合基本的生活经验与商业逻辑。

崔永强划走的45万元，又分为给了奇喜公司的10万元和自己转走的35万元。对打给奇喜公司的10万元，需要结合交易习惯来分析。由于车辆从外地提回，需要物流，因此这笔开支，既符合基本商业逻辑，也符合崔永强长期从事车贷行业的交易习惯。至于账户上剩余的车尾款35万元，被崔永强多次提取，根本不能作为犯罪的证据。原因是，做任何生意，都需要盘活资金，都需要账户上的资金流动起来，不可能眼看着35万元趴在账户上不挪窝。但只要在车辆交付时，崔永强能够按车辆贷款的尾款交车行即可。再说，崔永强动了自己公司账户上的钱，怎么就成了诈骗呢？退一步讲，即使认为崔永强不应该挪用剩余的35万元，那最多也只是公司资金管理不规范，或存在挪用资金的问题，但无论如何，不能得出诈骗中联益财、仟河公司贷款的结论。事实上，在案其他多次的正常车贷交易都能正常进行，也可以印证，崔永强一直在正常经营车贷生意，而且在以往的车贷生意中，都能按期向车行支付尾款，如张景、王大妮、阎小玉等都是这样。不能凭臆想的、自认为有可能发生的、现实中并不存在的危险，以崔永强的账户空虚，指控其可能对购车人造成支付困难的危险而给其定罪。

同样，崔永强将公司公账上梁青春98000元的车款扣留，极可能是崔永强与合作伙伴间的商业纠纷，对此，崔永强也已经作出了合理解释，加上梁青春根本没有到案接受调查，其身份本身存疑，不能排除参与诈骗并分取利益的合理怀疑。

至此，对崔永强最有力的证据质证完毕，时间在11时25分。周法官决定休庭。

# 相邀午餐：一支小插曲

休庭时，出现了一个小插曲。罗检察官在休庭前，跟法官说希望继续开下去，法官应该和罗检察官认识，半开玩笑地说，可以留她吃饭。罗检察官说不用了。这时我接上话头，边收拾桌面材料，边笑笑地说，"我请你吃饭。"

罗检察官嘴一抿，也是边收拾材料，一边回答我："那我更不敢了。"

刚才还是激烈的对抗，转眼，又上演了轻松的一幕。我一直认为，这才应该是文明社会法庭审理的应有之义：专业上的对抗，在于对法律真相的发现和对公正的探寻。此外，作为法律人的控、辩、审三方，其实都可以基于专业的沟通，保持互相尊重、互相理解。

质证阶段的开庭，还有一个印象，就是崔永强开庭前坐下时，瞟了我一眼，眼神怪怪的，有一种哀怨的味道。具体是为什么？我一直没搞明白。

对于这个洗脚上田的成功商人，我内心里哀其不幸，尽力地给他提供专业帮助。正如医生眼里只应该有疾病，律师眼里只应看到法律的错误实施，而不应受个人好恶影响。只能说，对崔永强在案子开始时，托洪某找关系反而"被坑"，我认为是落后思想的遗留，既无奈又可笑，仅此而已罢了。尽管案子在开庭后11个月作出判决再去会见时，崔永强一再表达对我的感谢，但那次他的哀怨眼神，让我体会到刑事律师这个职业的一种辛酸：倾尽全力仍不免会被不明就里的委托人责怪。

## 倾力一击：脱稿！脱稿！再脱稿！

脱稿，是对法律的尊重，是对法庭的尊重，是对当事人负责。

如果说，发问是面对面还原案件真相，质证是把在案证据打开——剖析，辩论阶段则是把之前打开的东西折叠起来，压缩打包便于法庭作出判决。从辩护人角度出发，可以说，发问、质证、辩论，分别是拎出案件，把案卷从薄读厚，再到把案卷从厚读薄的过程。辩论阶段，需要的是前后贯通、总结提炼、归纳意见。

其实从发问开始，我都是脱稿的，质证需要对着图表说话，到了辩论阶段，以脱稿为主，结合思维导图，总结和针对庭审焦点阐述观点。这份思维导图，我根据庭上和法官沟通的情况，也专门截图打印了一份，提交给周法官，他也欣然接受了。

这个案子，三次开庭，崔永强的父母、舅舅、哥哥、妻子全程旁听。因为妻子黄小兰曾被警方问话，她只能在法庭外，扒着门边听。崔永坚是崔永强的哥哥，第一次开庭完毕，问我为什么不允许他旁听，把他清出去了？我因为开庭时，全副身心都在案子这里，这才知道法警错把他当证人了。我跟他讲，如果法警下次还这样，你跟他直接讲就可以了。你要跟他说，你根本不和崔永强在一个公司，这个案子没有警察找你问过话，你是跟案子无关的，可以旁听。后来两次，崔永坚就一直在旁听席上就座了。

我一度纳闷他舅舅李金成为什么这么关心，每次必来，后来才知道，崔永强小时候跟着舅舅长大，出来做生意时，也跟了李金成几年，做吗咖成功，也有舅舅出资帮他的原因。反而是崔永强的父母，长年在老家，普通话、白话都说不溜，每次见面，就是仰面用热切的眼光看着我。他们满是皱纹发黄的脸给我印象很深刻。

开庭的时候，仟河的经理刘单单也来过一次，那是在4月24日，坐在旁听席上。到后来就没见到了。

辩论开始，公诉人对着起诉书，说崔永强自2017年12月到2018年3月，伙同马某胡，以客户何卓梅等人购车和办理车贷为名，骗取了仟河公司、中联益财融资租赁公司共计1867526元，骗取何卓梅、周七根购车首付款共计49万多元。

这里的错误一择一大把。根据在案银行流水的统计，1867526元的金额，并不包括周七根，但这里仍把周七根计算在内，这样的统计数字首先是错误的。其次周七根明明白白地讲，自己被马某胡以检测为名，直接安排人把沃尔沃开走的，之前的34万多元支付给了马某胡指定的马三杰账户。这些转账可以和相关银行流水相印证。而且周七根因为是崔永强的朋友，所以崔永强是纯粹帮忙，分文未收。这部分在质证时，已经充分完整地说了，也提供了专门的书面材料与对应证据截图。但公诉人对着固化内容的起诉书，也只能这样宣读。

这一点，也可看出法庭上照本宣科的缺点，无论公诉人还是律师，不能根据动态的信息变化调整自己所表述的内容，就会显得机械而荒谬，这一点，代表被告人一方的律师尤其要引以为戒。

到辩护人发表辩词时，我对书面的辩护词已经做了些调整。我说，基于之前的发问和庭审质证，我的辩护词主要有三点：一是案件定性问题；二是崔永强在客观上没有实施任何虚构事实和隐瞒真相的行为；三是根据客观行为和在案事实可以推定崔永强主观上没有非法占有他人财物的故意。

稍停顿一下，我说明，我的辩护意见大概需要25分钟。这是一个小技巧，也是我长期的习惯，这样能给经历长时间开庭的法官一个准确的预期。

首先，看这个案件的定性。起诉书的定性存在问题。本案利益受损的企业是融资租赁公司，而融资租赁公司属于金融机构。根据《金融许可证管理办法》<sup>①</sup>的规定，金融许可证适用于银监会监管的、经批准经营金融业务的金融机构。而金融机构包括政策性银行、商业银行、农村合作银行、城市信用社、农村信用社、村镇银行、贷款公司、农村资金互助社、金融资产管理公司、信托公司、企业集团财务公司、金融租赁公司、汽车金融公司、货币经纪公司等。

也就是说，根据《金融许可证管理办法》的规定，融资租赁公司明显地属于金融机构，那它就属于贷款诈骗罪所保护的犯罪对象。根据刚才公诉人宣读的起诉书，短短三个月时间，通过对14辆车的贷款资料造假，就骗取了180多万元的信贷资金。这样的犯罪手法对正常社会的金融秩序，有极大的破坏力和社会危害性，准确定罪，才可能有效打击犯罪，按照罪刑法定的原则，本案应定性为贷款诈骗罪。

当然，案件中还存在马某胡以车辆检测为名开走了周七根的车、以换车为名开走了李雪兰的车、以生活需要和合作

---

① 已被2021年4月28日公布的《银行保险机构许可证管理办法》替代。

生意预先垫支为名骗了崔永强100万元左右的情况，对于这一部分，因为没有涉及金融资金，应以诈骗罪定罪处罚。所以本案的实质，是马某胡构成对中联益财公司贷款诈骗罪、对李雪兰等人的诈骗罪，而不是合同诈骗罪。

其次，就是崔永强客观上没有实施犯罪的行为。根据在案证据可以发现，是犯罪分子通过虚假的车辆证、票、单、证明书，骗取了融资租赁公司的车贷款。判断谁是犯罪分子，在本案中，只需从三个方面把握：一是钱去了哪里，也就是资金流向；二是谁伪造了车贷资料；三是谁在做骗人的事情。

对于资金流向，经过上次对银行流水的专项质证，其实已经非常明确。案件中大量银行流水显示，包括廖夏天、廖生亮、李雪兰、林英然、杨早、江雨兰、阎小玉、袁大总、蒋化玲、马大玉、梁青春、梁朱红12人的钱款，全部都在进入崔永强的贵锐公司后，扣除少量费用，转入了马某胡的奇喜公司。梁青春的车款被崔永强扣留，是对仟河公司行使双务合同履行抗辩权或行使对奇喜公司的抵销权，不应认定为犯罪，而且因为梁青春没有制作笔录，不排除和诈骗人员串通分取利益的合理怀疑，在具体情况不明的情况下，在上、下游的仟河公司、奇喜公司完全可以通过私力救济手段解决这个纠纷的情况下，更不应认定为犯罪。

那么，本案的第二个客观上的核心问题是，谁在伪造车贷资料呢？综合案件中的言词证据非常明确，领头人正是马某胡和陆佳军。从证人的证言来看，马某胡的奇喜公司、佛山车行和花都车行，是马某胡实施诈骗犯罪的据点。奇喜公司的员工朱西、陆佳军等人可证实，奇喜公司实际老板是马某胡，所有员工都要听马某胡的安排，每次车贷，马某胡负责提供车辆保险单、合格证。陆佳军通过祝小牛买作废的发票，再通过微信发照片给崔永强。马某胡还私下交代陆佳军，出来做事情，不要用真名。果然，陆佳军和祝小牛联系时，用的就是黄耀群的假名。也就是说，所有证、单、证明书的造假都是马某胡安排完成的。朱西甚至在笔录中明确地说，他可以肯定，自己没有把书面资料交给过崔永强，都是按照马某胡的安排发照片给崔永强的。因此，这个案件的事实已经很明确，那就是，在融资租赁公司、合作公司、崔永强的中介公司、马某胡的车行这条车贷行业的长长的合作链条上，崔永强只负责通过微信，上传车辆贷款所需要的资料照片，崔永强既不懂具体资料怎样提供，也不负责审核，否则崔永强完全可以赚取更多的利益。由于图片审核不够精准导致被犯罪分子乘虚而入，就要考虑这种商业模式设计本身的问题，无论如何，把只赚取每单交易2000多元中介费的崔永强作为打击对象，显然是不公正的。

最后，谁是骗子呢？虽然，奇喜公司的员工，有不同程度地参与分工提供车贷资料，但综合朱西、陆佳军、马三杰的笔录可以知道，所有这些，都是受马某胡指挥的。不仅如此，美姐作为花都车行员工，她和岳山介绍了廖夏天等人给马某胡，但马某胡一直都没有给他们兑现原来承诺的中介费。美姐所说的廖夏天，也就是被害人廖夏天，由此可见，受骗的被害人也是马某胡这条线上的关系人介绍的，与崔永强没有丝毫关系。

事实还不止如此，李雪兰是在佛山买车时，认识了名为陈一明实为马某胡的车行员工，被骗了1万元保证金，还被骗走了她的宝马车。彭超国、廖夏天、廖生亮、林英然的证言也可以证实，他们都不是真正需要买车的人，廖夏天、廖生亮都是通过花都车行岳山、美姐办的车贷。彭超国、林英然都不认识崔永强。虽然14名被害人中，8人未制作笔录，但是根据对福建张景、东莞车行楚同英的询问笔录，根据王大妮、谢同心的银行流水可以发现，他们都经过汕头公司、东莞公司直接找到崔永强，正常办理车贷而且拿到了车辆，可以证实崔永强正常从事车贷经营，只是遇到了诈骗犯马某胡，才导致帮客户购置的车辆无法交付。

相比崔永强对客户，都有真实的车辆交付，李雪兰明确指认，以换车为名派人开走她的车的人就是陈一明，也就是马某胡。周七根报警时说，马某胡以检测为名开走了他的沃尔沃汽车。而何卓梅的车不能交付时，也是马某胡用"北方下雪车堵在路上"这样的理由欺骗、拖延崔永强，并最终导致何卓梅的车不能提取。

因此，梳理在案银行流水、言词证据、报案材料可以发现，马某胡是一个连真实姓名都要隐藏的在逃犯，崔永强一直到被警察问话才知道他的真名，马某胡在奇喜公司的马仔陆佳军也是案发后，才打听到他的老板真名叫马某胡。因此，谁是骗子，谁被骗，其实已经非常明确。骗子就是马某胡！

相反，包括车辆交付、资金流向、证人证言和被害人陈述，都可以证明崔永强是正常从事汽车贷款经营的。没有任何证据可以指证崔永强存在虚构事实或隐瞒真相、卷款后逃匿的情况。崔永强因为交友不慎，不仅遭受了财产损失，还被羁押了一年时间，肯定还要继续羁押一段时间，崔永强才是真正的、最大的被害人！

崔永强被控诈骗罪的第三个主要问题，就是他的犯罪故意问题。

诈骗类犯罪，要求行为人具有直接故意，也就是明知有犯罪行为可能造成他人的损失而希望这样的结果发生。

从归案方式看，崔永强是主动归案的，他当时知道马某胡跑了，也知道何卓梅的车出现交付的困难了，但究竟是为什么，他是不明白的，他还不知道马某胡发给他的车辆资料有造假，作为他来讲，他一直是正常做车贷生意的，对出现的纠纷也是在积极协调，退赔了何卓梅。他归案时是坦坦荡荡的，认为自己的事情是能查清、能说清的。从这一点，也可推断他在之前，根本就没有犯罪的故意，否则的话，明知骗了别人，明知骗了那么多人，他应该做的正常反应是逃跑，像马某胡那样，跑掉反而没事儿了。

唯一合理的解释就是，崔永强一直以为他的朋友叫陈有朋，从来不知道他竟然是负案在逃人员，正是因为他不知道，所以才会和他合作开车行。正是因为不知道，所以才会一笔一笔借钱给他，总共出借和垫支了100多万元不能收回。也正是因为不知道马某胡是诈骗犯，所以才会在案发后，接到警察的通知，就主动配合调查，并一次一次前后总共8次讯问，都不承认自己有诈骗犯罪的行为。

## 声震屋瓦：说出无罪的真相

这个案件的真相，我是越挖掘，越清楚，也越震惊，我越来越相信，崔永强是无罪的。

我临时决定，要帮他喊出他内心的呼唤。

但我讲出来前稍稍停顿了一下，扭头看着周法官，他在离我两米多的地方高坐着，低着头望着眼前的材料，也一直在认真倾听。

"基于在案的证据及庭审查明的事实，我坚定地相信，我坚定地相信：我的当事人崔永强是无罪的！"

讲到最后一句，缓缓地提高了八度，拖长了尾音。

我看到周法官头往我的反方向，也就是他的右后方，伸了一下。显然，是被我的声音刺到了。

后来，我听黄宇说，当时他看到，罗检察官坐在那里，也是直愣愣地突然一下子端正起身子。

我想，这个案子能否判无罪，我无法决定，但在充分、完整、清晰地分析之后，作为对团队工作结果的一个了结，为了替自己的当事人讲出他的心声，我也得豁出去了，顾不得刺耳或顺耳了。

有时候，我想，作为法官，坐在审判椅上，看着一个个认罪的被告人，看着他们的辩护律师，认真地辩护或走过场，或者卖力地"表演"，会不会审美疲劳呢？对于胆敢大声讲出："我的当事人是无罪的！"对于沉闷的法庭来讲，是否也像吹来的一阵清风呢？是否也会头脑中在短短的一秒钟一下子蒙掉了呢？

# 批评与认可：第二只靴子落地了

李金成给我印象深刻，他比崔永强的父母和我的接触要多，来事务所，开庭后一起吃饭。但是受固有思维的影响，总说他认识省高院的谁谁谁，已经跟他说了什么什么。有一次，开庭结束时他从旁听席上站起来对法官指指点点，我赶紧制止。有一次又和我说，你如果能给崔永强缓刑，我事后给你奖励。我当时正头疼开庭的准备工作呢，噌地就站起来了，严肃批评他。事后听崔永坚说，反而是那次之后，李金成私下跟他们讲，对这个有性格的律师很有信心。第三次开庭结束，我在收拾材料时，抬头看到他从旁听席站起来望着我，满脸是笑地给我竖大拇指。看来他已经释怀了。

5月5日开庭后，一直没结果，8月黄小兰代家人来问，我安慰她，无罪辩护结果出来会比较久，但时间久不一定就是坏结果，耐心再等等。当时问法院，书记员答复说："还在审理。"到了11月，黄小兰又问我，我再去问书记员，答复还是："在审理。"

2020年2月3日，接到了法院电话，让递交一份延期申请。这时，整个城市像暂停了，马路上空空荡荡，来到邮局，发现已经下班了，原来上班时间调整，下班时间提前了，赶紧在第二天早早赶过去。我抱着争取无罪的心情，满怀希望地把申请寄了。这回因为打印店都没开门，这次申请是手写的。

2月27日开庭，书记员提前在电话里说，眼下是视频审理，人也不带来法院，律师可不去。下午，崔永坚微信告诉我，判了3年半，家人不想上诉了。28日，我去会见，进门后，会见改在了原来武警闸门后的右侧。不知什么时候新建了一溜儿房屋，进去要隔着软塑胶板用电话对话。

戴着口罩，崔永强显得比以前轻简些，现在第二只靴子落地了，他反而淡定了。兴奋地跟我说，他在里面当了班长。他又抱怨说视频开庭只有30秒，让他进去转身就出来了，也没看清他哥在哪里。

我拿出准备好的三份上诉状，现场不能签字，交给辅警带进去，出来时，名签好了，还有他专门写的一张纸：

尊敬的家人们：

　　我想要上诉，请亲人们支持我。

　　我需要张王宏律师。

崔永强

2020.2.28

从看守所出来，我又去了法院，何书记员出来接待。我问他周法官在不在，想过去感谢他的认可，但又想多有不便，就叮嘱书记员转达。何书记员看来对这个案子很熟悉，他说检察院有意见，要抗诉。

检察院要抗诉，是因为判决书最后只认定了何卓梅的那部分为犯罪金额。崔永强要上诉，是因为整个案子已经非常清楚，还留个尾巴，完全没有道理，完全不合逻辑。

上诉状递交了，我回到办公室，发现桌上有一封信，从崔永强同一个看守所寄的，但是个陌生的名字：梁永杰。打开一看。是委托书。


尊敬的张王宏律师：

您好！我叫梁永杰，因为涉嫌诈骗罪现在押于广州市新城区看守所，经朋友崔永强先生介绍后，我现在很需要一名金融资深辩护律师，通过介绍后我非常敬佩您的专业水准，我想诚心诚意地聘请您成为我的辩护律师，希望张律师收到此信后能在百忙中抽空与我监护人（母亲）覃女士联系商讨。联系电话：156×××××××。并能安排时间来见我了解详情为我辩护，我急需您的帮助。梁永杰在此向您敬礼!

万分感谢!

梁永杰

2019 年 12 月 29 日　注笔

这封信中,"笔"用了繁体字。这是有些广东人的习惯。但他应该是成年人,他母亲应是近亲属,而非监护人。

因为一些原因,三个月前的信,现在才收到。我又想起崔永强的嘱咐,想我回去给他写封信,于是草就一书,快递寄出。

崔总见信好!

2 月 28 日的会见,很高兴看到你的状态比以前大有好转,而且也做了班长,我知道这在看守所里意味着很大的便利,这些便利的获得,和你的机敏与会说话是分不开的。

"自助者,天助之。"一个人的运气好转,一定是从自己的自律以及努力开始的。就像你在庭上清晰的思路+谦恭的态度+精准的语言,配合律师赢得轻判的效果一样。

从看守所出来后,我和助理黄宇去法院递交了上诉状给书记员。黄宇在这个案子里也帮了很多忙,整个开庭他都有去旁听。也为这个轻判高兴,同时也为没有判无罪而可惜。

听书记员说，检察院对这个结果有意见，检察院可能抗诉。如果这样，二审可能加重处罚。但如果只是你上诉，检察院不抗诉的话，是不会加重处罚的。

回来的路上，和小兰还有你哥沟通了案子的处理情况，也告诉了他们你的近况。小兰还待在温州，但温州的情况没有外界传说得那么严重，只是乐清较严重些，小兰老家情况还好，小孩也都好。

另外，你的同室梁永杰写的信，刚好会见完收到，也给他妈打了电话。很感谢能得到你的认可，从梁永杰的信中能看得出来。

律师和当事人是互相成就的，能得到当事人的肯定，是我们的荣耀，也是我的个人性格使然。当然，认真对待好每一个当事人，我还需要更多努力。

因为需要汇总一下情况，才好给你写信，所以迟了这几天。

希望你在等待的日子里，能更坚强，坚信努力会让事情好转。

祝：顺、安。

2020年3月3日

张王宏律师

3月10日，在抗诉期过后，我又给何书记员打了一次电话，他说，没有收到检察院的抗诉书。我这才知道检察已经放弃了抗诉。后来二审维持了原判，没有再加重处罚。

# 第六章

# 交叉持股陷 P2P 刑案旋涡，
# 雷霆援救无辜者

---

谨以此文，献给将希望交给法律，并享受到法治之光的人们。

## 初见焦总：会见 73 问

刑事律师，是乱入别人生活最隐私地带的陌生人。始终以最严苛的要求约束自己，专业的刑事律师分秒都像打仗。

因为焦永舟的案子，我 4 月 7 日至 11 日、4 月 18 日至 20 日，5 月 3 日至 4 日，总共 3 次赴京，通过 4 次会见，借由 70 多个问题，摸清了案子，也搞清了里面的问题。

这个看守所，会见区由过道和会见窗组成。中间一条长而宽的大走道，在押人员从里面带出来，沿走道一条线走出来。走道两侧，分别一线排开的，是两排会见窗，可同时提供给 40 个律师会见。

因为成功，人的记忆尤其深刻。

这里的会见，可以带电脑，桌子上还备有一组电源插座，时间在2019年5月。那时全国各地跑案子，可以带电脑的，还有就是常州了。史美兰的案子里试过。

在押人员列队从里面出来，一个个走近窗口，都要微猫一下腰，找自己的律师。焦永舟矮小的个子，黄马夹，短发，一脸络腮胡须显得有点沧桑，走过我面前时。看到他迷瞪的眼光，我喊了一声："焦永舟"，他看我一眼，就在对面的凳子上坐下来了。

焦永舟脸上表情是苦愁的、不解的，小小的面孔上，小小的眼睛都聚光到我——一个他太太不远千里帮他找的律师脸上。

这堂话问了2个半小时。

和焦永舟沟通共有4次。后来经过整理，形成了一份P2P涉非法吸收公众存款罪会见提问全指引，共包括77个问题。伴随着这些问题，一幅京城P2P风云平台演变史，在我眼前款款延展开来：

问题从涉案主体开始。

**1.公司什么时候成立？ P2P平台几时成立？公司是购买的P2P平台还是自建的平台？公司共有哪些P2P平台？分别由谁负责？**

在这个案子里，焦永舟是睿某公司副总。涉案的是睿某贷P2P平台。P2P平台和公司是分离的。

睿某贷是早在2014年就上线的网贷平台，也曾经是京城的明星网贷平台，之前是北京睿某财富公司旗下的网贷平台，主要给小微企业提供互金中介服务。为了融资，焦永舟的几个朋友在2015年年初，购买了睿某贷平台。购买前，还专门考察过。

那次考察焦永舟也去了，发现平台的客户，包括河南濮阳的面粉厂、农村合作社、天然气公司等实体。同年6月，睿某公司成立，注册地在河南。

根据公开的资料，2015年的睿某贷平台，不仅在屡次P2P平台的整治中存活下来，而且屡屡获奖，一时间光芒万丈、风头无两。

从时间上算，至迟在2015年年底，睿某贷做的都是合法合规的网贷生意。

**2.有无金融营业牌照?**

P2P要求备案，这个在平台买下来时就有了。但是否备案，并非平台是否构成非法性特征的全部要件。

非法性，是非法集资案的四个特征之一，也是颇令人纠结的一点。

之所以纠结，是因为法律本身的规定似乎是模棱两可的。根据《最高人民法院关于审理非法集资刑事案件具体应用法律若干问题的解释（2010）》关于非法性的界定：未经有关部门依法批准或者借用合法经营的形式吸收资金。[①]

根据这一规定，有合法经营许可，或没有经过合法备案与工商登记的，皆有可能为非法。

这样一来，非法性，岂不成了虚置条款？至少我自己在一段时间内都有这个错觉。这个错误在实务中更是常见。

作为涉案人来说，他们常常以所在公司、私募基金有经过正规的工商登记注册或备案，来解释自己或单位的行为不具有非法性的特征，有辩护律师也常常以此作为客观上不具备犯罪行为的辩护观点。而作为公权力机关来说，则会在《起诉意见书》《起诉书》中，一概以"犯罪嫌疑人在相关平台（基金）没有获得相关金融管理部门批准的情况下，以公开的手段，向社会不特定公众销售产品……"作为起诉意见。

具体到P2P，有人认为，P2P平台多数是在2012年开始设立，而2016年8月中国银监会、工业和信息化部、公安部、国家互联网信息办公室才制定了《网络借贷信息中介机构业务活动管理暂行办法》，因此，之前的P2P平台本身是无法可依的。甚至有的法院在判断中也有类似陈述，如在某金融

---

① 2022年2月23日公布的《最高人民法院关于审理非法集资刑事案件具体应用法律若干问题的解释》将本项中的"批准"修改为"许可"。

P2P被控非法集资案中，法院在判决书中认定：本案被告人在设立公司之初，确实存在金融监管制度缺失、无据可依的问题。

在我办过的案子中，像善林金融这样具备金融行业从业资质，或者像一些公司本身是经过工商注册的，是否就能对抗非法性的特征呢？从现有已经作出的E租宝、善林金融的判决书来看，答案当然是否定的。

为什么呢？其中的道理究竟是怎样的？

通过实务案例和法律规定的几番循环往复，才能找到答案。

其实，司法解释中，"借用合法经营的形式"，充分体现了刑事案件穿透式审查、实质审查的特征。即透过表面合法的外衣，注重评价其实质上是否具备违反法律法规、破坏金融管理秩序、造成投资人资金无法归还等实质条件。

比如，在吴某某被控集资诈骗罪一案中，起诉书中认定："吴某某……指令该公司开发投资型保险产品并主导产品设计，授意制作虚假财务报表、宣传折页等申报材料，骗取中国保监会的销售批复，向社会公众募集资金。2011年7月，在投资型保险产品销售金额超过保监会批复规模……下达超大规模销售指标……"

也就是说，公司是持有"金融牌照"的，表面上不存在牌照、资质方面的问题，但吴某某超募的行为、骗取保监会批复等行为，是实质上的集资不具备合法性的原因。

因此，具体到实际案件中，辩护律师不能就工商注册、私募备案等问题，纠结于涉案单位、自然人是否构成非法性，而是要综合经营行为，具体来说，要结合公开性、利诱性、社会性三个特征来认定。

2018年冬，和贾慧平律师等在吉林四平办了一起涉黑案，这是一个金融犯罪的上游犯罪。刚好涉黑案也有四个特征，在研究案子的日日夜夜里，由此及彼，顿悟出非法集资犯罪的非法性特征。

这个方法，就是司法逻辑思维。

对犯罪特征系统、辩证地认定，符合刑事司法逻辑，是刑事司法实务中常用的方法。在非法集资的"非法性"特征的认定上，要结合公开性、利诱性、社会性落实。正如涉黑犯罪，要通过经济特征、行为特征、危害性特征来认定组织特征一样。

但是，不同的犯罪主体，对非法性认定的重点，也是不同的。对具有金融从业资格的单位来讲，本身具有公开吸储的资格，是否构成非法性，重点是看其是否构成利诱性，即看其承诺的利率，如果超过金融行业普遍的利率标准，则构成非法性。

司法实务中，经过备案的私募基金、在Q板（新四板）挂牌的企业以及融资租赁公司、小贷公司、企业币或虚拟货币经营企业等，公开宣传在售项目、产品，承诺回报的，会构成非法集资。

但是银行又有所不同。一般认为，具有吸收公众存款主体资格者，违规擅自高息揽储、恶意竞争，扰乱金融秩序的，根据《商业银行法》行政处罚即可，不作犯罪处理。

其实，就多年来的观察，现实中银行高管涉嫌非法集资构成犯罪的，都被作为借银行高管身份，私下揽储，或投资银行外的实体项目，或投资非银行自有高风险理财产品，这种时候，往往只对其个人以非法吸储追究。

至于前面案例中提及的，金融监管制度缺失的问题，只是行业内部的行政监管措施，但非法集资犯罪及相关司法解释是早已有之，从公开性、利诱性、社会性特征全面、辩证地评判，不影响对相关金融监管措施出台之前，P2P平台非法性特征的认定。

**3. 有无通过推介会、打电话、手机短信等形式拉人投资？平台承诺的年化率或年利率多少？介绍人员加入怎样提成？有无奖励？如何返现？**

公开性、利诱性、社会性，是非法集资的三个实质性特征，其中公开性与社会性密切关联，利诱性较为复杂。

关于公开宣传，司法解释以列举式的方法罗列了多种形式。

根据《最高人民法院关于审理非法集资刑事案件具体应用法律若干问题的解释》的规定，具体包括通过媒体、推介会、传单、手机短信等途径向社会公开宣传。当然这里的列举，并不能穷尽现实中的多种形态。实务中，微信朋友圈、微信公众号、网站，都成为公开的判断依据。

对于社会性特征，看楼一日游、带家属外出旅游，甚至羽毛球比赛的兴趣活动、社会义工等，只要是有吸引不相识陌生人加入投资功能的，也都会成为认定参加者具备"不特定多数"的社会性特征的依据。

**4.公司架构具体是怎样的？业务如何运作？财务由谁管理？技术上，焦永舟又负责什么？**

2018年4月15日。我在网页上输入"睿某贷团队介绍"，进入睿某贷团队介绍的页面。没有焦永舟的照片，也没有名字。

之前，因为焦永舟曾是大型国企的技术人员，所以开始的时候给封了个副总的头衔，在筹备阶段一起开过会。

但这个筹备的核心，是要打造庆道直、刘一陵、申公彪一手操控的资金盘。等焦永舟发现这个情况时，刘一陵也发现，焦永舟根本没有金融信贷的经验、人脉。

真正运作时连技术都换成了刘一陵自己的人，就是技术总监尹笑云。到2015年年初，筹备会上，其实已经没焦永舟什么事儿了，焦永舟处于被架空的状态。

这样，才有了2015年5月的退出。

退出之后，庆道直、申公彪、刘一陵和焦永舟，表面上仍是客气的。焦永舟这个副总，慢慢地，成了朋友间一个无色、无味、无毒、无害的存在。

也是因为没有牵扯到更多利益，没人提及过让焦永舟退股之类的话，副总的头衔也就一直挂着。

技术出身的焦永舟，并不负责睿某公司的技术。工商登记在册的股东，其实没有什么实际出资，也是这个案子的特点。

但实控人庆道直从外地返京，大家一起吃饭时，有时也会喊上焦永舟。至于公司里面怎样分工，焦永舟已无余力再去理会了。

之所以保留了股东、副总的身份，是现实中朋友间相互交往的真实存在，也是为不可预测的未来发展布局而成的藕断丝连商界现状。

**5.平台资金有无办理资金存管业务？具体在哪个银行？有无在借款合同、还款协议、担保合同、财务审批报表上签名？个人总体收入情况怎样？其中底薪多少？津贴多少？津贴具体怎样计算？有无领取分红？有无在领取钱款单上签名？**

金融犯罪案，资金流向是关键，而资金管理情况，直接反映P2P平台的资金运转，包括是否归集资金、设立资金池。

P2P平台，是英文"peer-to-peer"的简称，即"个人对个人"网贷中介平台，其功能限定为撮合借贷的居间方，收取一定中介费。现实中，不少平台则演变成自营型、担保型平台。自营型平台挪用资金用于自有项目，实际上将平台演变成自家的"钱袋子"。担保型平台承诺较高回报，实际上会将资金挪作他用，从中赚取利息差。这两种类型的平台，都有高刑事风险。

财务高管是非法集资犯罪案件中的高危岗位。但焦永舟告诉我，睿某贷的财务是外包的，仅有的财务人员只负责内部员工的社保统计，当时被警方带走，但调查完又在24小时后释放。

据焦永舟事后从微信群和公开报道所获知的信息，睿某贷平台可能存在假标问题。比如，与借款方串通虚构大量汽车购买标的，圈取出借人款项，实际上相关资金被挪作他用，同样，也可能存在资金池。

这里的关键词，是"可能"。因为所有内容，焦永舟没有参与，因此不确定。

但焦永舟因为参与了前期筹备工作，所以2015年有过3万多元的分红。

至于具体薪酬发放，焦永舟苦愁着脸，小眼睛慢慢地眨巴着，道出了原委：睿某公司、七十三变公司、亿百家公司是申公彪、刘一陵、焦永舟三人交叉持股，焦永舟的薪酬也是由统一的账户发放的，直接打入个人银行卡。包括3万多元的分红，三年来他共收入30多万元。此外，并没有什么津贴、奖金。领取薪酬，不需要签名。

现实中的薪酬发放，真的是一团麻。就焦永舟的薪酬来看，并不存在从平台获利的情况，而要进一步脱罪，还得从他没有参与平台管理入手。

焦永舟这三年来共收入了30多万元，后来成了适用认罪认罚和检察官协商作出不捕决定时，退还非法所得的参考，为后来焦永舟提前释放，提供了重要帮助。这个过程，是一场充满艰难曲折、痛苦异常的沟通，后面会陆续展开。

**6. P2P平台回款由线上还是线下进行？ P2P平台除线上回款外，有无线下物理场所的交易？ 线下物理场所交易有无签订相关合同？ 合同为书面合同还是电子合同？ 线下合同有无实体业务为支持？ 线下合同实体业务资信如何？**

当时一段时间里，在实务界，P2P被认为只能在线上才规范，而线下宣传、拉人投资，因为会导致资金混同，引发失管、失控，这样，会见时就有必要厘清线下与线上的业务开展情况。

要注意的是，实体项目如果为P2P平台实际控制人所有，也可能成为P2P平台违规挪用平台资金从事实体经营，进而导致平台资金链断裂的原因。其中，实体企业的归属及与P2P平台的具体资金往来关系，是判断相关平台是否违法的关键。

还有一种情况，就是中介与借款人相互独立，但却私下存在串通，双方通过合谋，由中介向借款人违规提供信用担保，向公众吸收资金的，会被认定为非法吸收公众存款并追究刑责。

**7. 投资人是自行联系前来要求投资，还是平台找到投资人要求借款？**

非法集资案件，是主动投资还是被动投资，与日常生活观念相反。出借人主动投资，则P2P平台可能涉非法吸储，而被动投资，即业务员等主动找投资人的，则一般出现在民间借贷中，反而可排除非法集资。

出借人中，较为特殊的是亲友的情况。亲友投资款不计入吸纳资金数额中，但下级经理等人员的亲友投资金额，计入上级团队或经理吸纳资金数额中。

**8. 是否明知自己介绍的人介绍非亲友参与投资？自己的亲友投资共多少人？多少金额？**

通过"朋友带朋友、亲戚带亲戚"的方式投资款项，会被认为是以"口口相传"的方式非法吸储。

但如果投资人已经决定投资，只是基于熟人朋友关系征求别人意见，从朋友角度介绍自己所知道的情况，不同于拉人投资。从司法解释来看，拉人投资，还要求计入自己名下。

焦永舟的案子有一个细节，就是作为其朋友的马英俊在投资前咨询过他，后来，马英俊不断拉人投资，发展成了公司的业务骨干，有不少下线。

和马英俊一起投资的共有三个人，他们后来持续追加投资的情况，都可以印证，他们都是基于自己独立判断后作出的决定，而焦永舟一般性地介绍睿某贷的情况，这种私人间的一对一的介绍，并没有超出一般性公开商业信息的内容，不属于非法集资犯罪中的"公开宣传"。

焦永舟没有下线，所以马英俊就是熟人间了解情况，马英俊没有计入焦永舟名下，提成、奖金之类更是没影儿的事。

**9. 投资人是否用自己银行卡绑定虚拟账户？投资人的资金流向中立的银行存管账户，还是平台自建的账户？平台上账户如何管理？平台账户是否等同公司账户？**

P2P公司的业务行为，涉及非法吸收公众存款的风险点，核心是审查是否存在归集资金、沉淀资金，以至出现了投资人的投资款被挪用和侵占等高度风险或现实可能。

早先，P2P公司可在自有平台通过自己的账户接收和打出资金，后来逐渐规范为银行存管账户（非托管账户），平台账户不仅违规，也成了高风险的代名词。焦永舟经历了整个制度变迁和调整的过程，但他并不了解公司的细节。原因嘛！因为他筹备阶段就被挤兑走了，也就脱离了实际的管理。

2017年9月4日，中国人民银行等七部委发布了《关于防范代币发行融资风险的公告》，使包括数字货币网络平台支付、P2P业务支付等都受到了影响。这些，都是波澜壮阔的网络金融管控趋紧的侧影。

当然，包括资金流向，包括还款协议、担保合同、财务审批，都距离焦永舟太遥远了。他无缘知晓这些事情。

**10.平台或团队共吸纳客户多少人？金额多少？一般分多少期？累计吸纳资金多少？团队或营业部目前资金缺口多少？自己共吸纳金额多少？自己吸纳的资金中客户未提取的本金多少？自己及团队发展的客户中，已经支付的利息多少？能否覆盖本金？**

P2P平台不能归集资金、形成资金池，是一般的概念化表述，具体到P2P平台运作的具体情况，又要分解为若干详细的问题。

非法吸收公众存款数额统计的吊诡之处在于，团队或营业部吸纳资金数会成为团队负责人量刑的依据，而且此处的资金数，是滚动累计计算的，即到期未提取的金额，会在每期的统计中重复计算一次。

至于焦永舟，并没有自己的团队，也不知晓平台情况，对基本的资金规模也不知情。所以这里的问题，基本空置。

**11. 有无金融、法律专业经验？**

非法吸收公众存款罪属行政犯、法定犯。不同于强奸、杀人、放火、盗窃等，可一眼识别的、仅根据朴素自然感情就能判别为犯罪的自然犯、伦理犯。行政犯、法定犯系依国家法律规定为犯罪。对于远离法律、金融专业领域者，既不知晓有关行政管理规则，也不知晓有关刑事法律规定，仅因为朋友间互利合作而参与者，应认定没有从事犯罪的主观故意。

但是，对此类犯罪，实务中简单地说我不知道相关行为被法律所禁止是没用的。而要结合专业背景、从业履历、培训经历、此前任职单位或者其本人因从事同类行为受到处罚情况等，才能证明行为人不具备识别隐蔽性强、识别难度高的专业金融犯罪的可能。不具备识别相应行为为违法，则应认定行为人不具备从事非法吸收公众存款的主观故意。

焦永舟的情况是：除了技术，还是技术。在涉足睿某贷的筹备外，没有任何同类金融行业从业经历，这个原来不被刘一陵这个大佬待见的缺点，现在成了搭救他的稻草。

**12. 日常工作方面的沟通，有无企业邮箱？平时怎样使用？能否在手机上打开？个人的邮箱号码多少？密码多少？平时使用工作邮箱发送和接收信息内容涉及哪些方面？最后**

一次发出涉案P2P平台相关文件是什么内容？什么时间？

这个案子中，把焦永舟的工作邮箱内容彩色打印后，作为附件递交检察官，是成功说服的一个重要证据。

为什么要问这些内容？是因为在侦查阶段，律师只能通过会见根据当事人的主观供述了解案件情况，但主观供述，存在极大不确定性和变化的可能。电子邮箱、微信聊天记录，则是反映行为人参与程度的客观证据。

通过工作邮箱发送、微信沟通内容，可证明行为人有无参与日常管理及参与程度、是否被案件关联人要求承担责任。焦永舟后来之所以顺利取保，跟后来提供的电子邮件、微信记录关系重大。

要注意的是，如果行为人有收到相关邮件，但并无回复，则不能以此指控其构成犯罪，因为作为公司股东或副总经理，会收到行政人员例行发送的工作邮件，但被动地接受没有发送，可印证行为人并未参与相关平台或公司的运营、管理和决策。

焦永舟最后一次发出与睿某贷有关的邮件，是在2014年11月25日。

### 13.有无交叉持股情况，具体管理什么？

交叉持股在彼此相熟的企业家中较为普遍，但如果像焦永舟这样，仅仅是挂名股东，实际上对涉案公司运营管理一无所知，并不参与日常决策、指挥的，不构成犯罪。

这部分的了解只是切入问题，怎样分析以及口头表达并形成文字材料，才是案件的重点，也是二十天后让焦永舟走出看守所的关键。

**14. 焦永舟是什么时间开始参与管理的？作为副总，他有参与具体管理吗？具体管理什么？持续多长时间？**

焦永舟在睿某公司成立前，参与过筹备工作。那时的睿某贷，是业界人眼中的"香饽饽"。公司内部争抢话语权，也是闹得不可开交。

所谓筹备工作，少不了开会，但焦永舟每逢开会，总被刘一陵和他的亲信挤兑、嘲弄。焦永舟是个技术派，靠技术吃饭的人，优点是专业过硬，缺点是搞不来办公室政治。

那段时间，焦永舟特别痛苦，甚至在家里要和马莉叨叨这些烦心事儿。思前想后一番，干脆也不去开会了，一门心思钻到他的七十三变公司里。

焦永舟相信，只要有技术，就可以走遍天下。

焦永舟告诉我，2015年6月，睿某公司成立。同年5月，也就是公司成立前的筹备阶段，他就因为和刘一陵的人际矛盾退出了管理，之后再没有掺和公司的事情。

前前后后，也就从外围参与过一个多月。

2017年2月18日，睿某贷开始逾期不能支付。逾期的原因是，虚构车贷等交易标的，形成了资金池。但具体资金弄去了哪里？焦永舟也不明所以，他也是从后来网上曝出的文章，结合投资者微信群，陆续了解到一些爆雷消息。

**15. 为什么没有参与管理但又注册为股东？为什么没有退出注册？**

焦永舟既是公司高管，单位犯罪便是这个案子无法回避的问题。有些问题就得闹清楚。

成为注册股东，是朋友间在商界生存的技术性设计。同样是基于明面上的众多朋友关系尚存，后来并没有因为和刘一陵的工作关系紧张，而专门去注销。

但股东是否涉及犯罪，和前面所说的任公司副总的问题类似：不能以在公司的职位等为标准，而要看其在具体犯罪的过程中，是否涉足纵容、指挥、管理等工作。有，则即使是普通员工也要追究刑责，否则，应认定为无罪。

像焦永舟这样挂名的股东，在刑事案件中，无须承担刑事责任。

根据相关司法解释，需要对单位犯罪负责的人员有两种。一种是"直接负责的主管人员"，另一种是"其他直接责任人员"。

所谓"直接负责的主管人员"，是指在单位实施的犯罪中起决定、批准、授意、纵容、指挥等作用的人员，一般是单位的主要负责人。"其他直接责任人员"，是指在单位犯罪中具体实施犯罪，并起较大作用的人员，既可以是单位的经营管理人员，也可以是单位的职工，包括聘任、雇用的人员。

也就是说，公司股东是否涉及犯罪，既与在公司出资中的参与情况关联，又要具体考察。无论公司最后有没有被追究单位犯罪的责任，法定代表人、董事、股东，是否应当被追责，要看其在公司实际运作中的具体作用，而不是看头衔，也不是看是否入股以及比例。

当然，焦永舟这个股东地位，后来和检察官沟通，费了点劲，当面沟通后，又专门打电话解释了一通：焦永舟只是注册股东，没有实际出资，也不属于以技术出资。

在技术管理上，从公司成立起，就换了刘一陵的亲信尹笑云，尹笑云因此案发伊始就被刑拘了。

**16. 有无在参加会议签到本上签名？有无在会议纪要上签名？**

根据参加会议的情况，可以分析出行为人有无参与P2P平台及公司的具体管理、决策、操纵、指挥等工作，以及公司是否存在无法正常运作等公司僵局的情况。

焦永舟没有参加过公司的会议，也没有在什么会议纪要上签名。而至于筹备时期的会议，也没有见到什么会议纪要、会议签到本。

**17.公安民警共有几次提讯？有没有让你在什么材料上签名确认？有没有让你辨认哪些人？**

从侦查人员提问，可反推侦查方向，可知侦查人员是否准确地切入行为人涉足涉案平台。

**18.有无存在疲劳审讯、威胁、逼供、指名问供等非法取证情况？**

非法集资案的办理中，鲜见刑讯逼供的情况，但交替使用疲劳审讯、威胁、引诱、指名问供（又称指事问供）等手法，非法获取言词证据的情况，并未绝迹。

辩护律师要申请排除，必须从介入开始，就尽可能早地获取非法取证的细节信息，这样，才可能在后期办理阶段，综合调取讯问录音录像、在案其他证据材料或者提供初步证据、线索，或者就其真实性提出异议，进而排除。

好在，焦永舟不存在被非法取证的情况。

**19.此次如何归案？系接到通知后主动去公安机关归案？还是在外被公安机关抓获？有无如实供述自己行为？有无接到公安机关通知后更换电话或住所？**

《关于常见犯罪的量刑指导意见》[①]对自首、立功、坦白

---

① 最高人民法院、最高人民检察院印发《关于常见犯罪的量刑指导意见（试行）》，自2021年7月1日起实施。最高人民法院2017年3月9日《关于实施修订后的〈关于常见犯罪的量刑指导意见〉的通知》（法发〔2017〕7号）同时废止。

等情节有具体规定。比如，对于自首情节，综合考虑自首的动机、时间、方式、罪行轻重、如实供述罪行的程度以及悔罪表现等情况，可以减少基准刑的40%以下；犯罪较轻的，可以减少基准刑的40%以上或者依法免除处罚。恶意利用自首规避法律制裁等不足以从宽处罚的除外。所以，对于包括归案情况都需要在开始介入便有详细的了解。

焦永舟是被警方带走的，不存在自首情况。接下来和检察官的沟通就更关键了。

**20. 有无获得什么荣誉？怎样获得的留京资格？**

品德证据在刑事案件中属"软实力"，在量刑中的作用不好一概而论，但辩护律师必须全盘了解，视情巧妙地运用、表达。

在2018年的常州史美兰涉1.6亿元非吸案中，家中老人因交通事故而亡故，均对当事人成功取保、酌定不诉起到了关键作用。

焦永舟工作后进修取得硕士学位、因技术特长获得留京资格，在后来的不捕中，起到了积极作用。

**21. 之前有无受过刑事处罚？**

有前科，可能构成累犯。优秀的焦永舟并没有。

# 雄伟建筑：职业自信高于天

区检察院的大楼，在红领巾桥附近。边上是一小片林子，白杨挺拔，林子的边上杂以低矮的花树。正好是春天，地上满是斑驳的影子。

虽然后来无数次地回忆起当时的场景，但仍然不能还原当时的心情。

我能记得的是，在递交完材料后，绕来绕去，一抬头，已经站在大楼前了。索性多走两步，在滚滚行驶的车流前，正对着大楼留影一张。

各地的检院办公大楼都是差不多的雄伟，并不见得京城就有多突出，但毕竟京畿之地，在寸土寸金、车水马龙的闹市立交桥旁，矗立着这样一栋大楼，楼前还有一块偌大的广场，临近马路，是横躺着的一溜暗金色的大石，上面刻着区检察院的全称。

那一刻，于我，仍然是蛮震撼的。

耳旁呼呼而过的车声，于我，那一刻像是战鼓在擂响。我的心里，翻滚着莫名的激动，一时间浮想联翩，却唯独没有想到后来焦总真能无罪出来。

我当时想的是：倾尽专业力量披露焦总的问题。

面对着一栋具象的大楼，我心中涌现的是对专业的膜拜。

专业，给人自由。这是我后来的认识。

当这个观念根深蒂固地建立起来，专业，最终像一座大山一样在我心中裂变、生长、盘根错节、牢牢地矗立，成为比眼前的大楼还要雄伟的存在的时候，是在几年后了。但当时，这个观念还只是像初生的树苗一样，随风摇摆、晃悠不定，又像随时会被扑灭的摇曳不定的火焰。现在回想时，我当时甚至于不太能相信——直到看到二十天后的一纸决定书。

多年以后，当我倦怠，当我犹豫，当我困惑、彷徨时，我都会想起那栋大楼，想起一次次地以专业努力敲开无罪之门前的时刻，心中便生发出无穷的力量，使我更加坚定，一次次地行走在以成功定义刑辩的路上。

现在，坐在恒健大厦的办公室，那座千里之外的大楼，又不止曾经眼前真实而具象的存在，有时，似乎更是当事人生活的延续和自由的象征——专业，是唯一通达的路径——没有之一。

一年后，我也曾经因为后来接手的非吸案，再次来到那栋大楼前。大楼还在，阳光依然明媚。有一阵子，似乎车流稀少了，而车辆驶过传递到耳鼓中的声音也不再激烈。

我，似乎成了一个还愿的信徒，呈上的，是对法治的信仰，没有一丝丝杂念。

在这栋大楼里，在我第4次沟通时，见到了杨检察官。有了那么五分钟的交流，却也是决定一个小家庭悲欢喜悦的五分钟。

## 决胜细节：面见检察官

和杨检察官面谈，是之前约好的，前一天打完电话给助理以后，第二天一早，我在八点半就到了办公大楼下面。

亮律师证、进门、登记，然后就奔着二楼上去。二楼的大厅里，已经有三三两两的律师在等候着了。

看到还有十分钟就即将九点了，我又一次拨通了杨检察官的电话。说明来意，不多一会儿，杨检察官下来了。

杨检察官和我确认过，就沿着二楼的走廊，从里到外找谈话的房间。

推开最里面的一间，发现里面有人了，赶紧解释一声，把门关上。接着是第二间，仍然有人。到了最右边上的一间，是空着的。

刚坐下，门又给推开了，扭头一看，进来一女的，仰面瞅着杨检察官问："您在这儿呀！大概多久？"

杨检察官应道："十五分钟吧！"

看到刚推门的杨检察官要退出去，我在边上接了一句：

"用不了十五分钟，五分钟就行。"

这话是说给约谈的杨检察官的。之所以要说这个，是为了好让人家对接下来的时间花费有个把握。

因为上次预约时，递交了纸质的法律意见和当面听取意见的申请，所以看到杨检察官把材料放在桌子上的那一刻，我意识到她已经了解过我的意见。于是我说："昨天递的材料可以回头再看，我现在口头给您简要概括一下焦永舟的情况。"

我介绍的重点是三个：

首先，是家属提供的工作邮箱、微信聊天记录。这些客观证据，都能反映出焦总没有参与具体管理，也没有人要追究他的责任。而形成鲜明对比的是，庆道直在投资者群中反复被投资人责问、咒骂，而刘一陵、申公彪则在股东间互相推卸责任，或者在后来迁怒于失联的庆道直。其次，微信聊天记录还证明，焦永舟在庆道直失踪前，表明自己没有参与管理，但会负责任地配合处理后续事宜。庆道直在回复中给予了确认。这些和焦永舟在会见时的沟通内容可以印证。最后，会见时，焦永舟讲了自己在成立伊始便被孤立、排挤、嘲弄，所以连自己所擅长的技术，也没有参与。

后面的这部分虽是主观证据，但可以在前面的客观证据、网上公开的公司公开信息上得到佐证。

沟通确实就五分钟，检察官的关注点反映在三个问题上：焦永舟是不是技术出资？焦永舟共提成多少？我作为焦的辩护律师是否从北京分所过来的？

说完这些问题，就完了。

当然，答案是水到渠成的，已经包含在之前见焦永舟时问的77问中，也包含在我会见办案的途中烂熟于胸的一遍又一遍的思考中。

## 至暗瞬间：午夜的哭泣

5月8日晚，是一个漆黑的夜。临做出重大决定前，考验一个人定力的时候，马莉一度崩溃。

晚上9时，她突然打电话过来，和我说退款的事儿。

每次和我沟通，多在晚9时许，小孩入睡后，马莉讲话更方便。

开始了大约6分钟，她哭了。

在马莉悲怆的声音里，我听到她在说：房子、娃、全村人的希望，按揭的两套房……要是给了钱还出不来，该怎么办……

我不知道要怎样安慰她，转移目光至窗外，看见黑漆漆的夜空。

……

第二天，阳光明媚。9点钟，马莉告诉我，她退了那笔款。

10万元？20万元？30万元？正是数额，让马莉几乎癫狂。

"退5000万元也可能出不来，退50万元也可能就出来了。"这是当时的一种声音。在我建议下，她交了一笔钱。我的建议，确保了这次支付后，不打乱她和小孩的生活。

上午9时许，我又看到她发来的微信：

"我已经尽力了"，然后紧接着是，"就赌一把吧。"

下午直到晚7时多，马莉发来几次询问，我又打了两通杨检察官的电话。有一次接通了，但没有明确的答复。我用的是杨检察官打给我的手机号。

两天前，杨检察官曾用手机给我打过几次电话。那次是在外出的车上，也是商议退款数额的事儿，和杨检察官说完，我再转述给马莉。

晚上快8点时，马莉接到取保的通知。夜里11时，我在手机上看到她发来的取保通知书。

一年后的2019年5月6日，公安局专门出具了《解除取保候审决定书》，就是实务中侦查阶段的"无罪"。

# 第七章

# 私募基金"销售副总"是疑犯?
# 复式辩促喜团圆

---

世界长了一张温柔的脸,触碰时
却发现了坚硬的外壳,而法律是冰冷
的铠甲。

# 走心检视：意外撞见人心世相

从来相信功不唐捐。但这次还是非常意外。

因为这是一起总额10亿多元的私募基金非吸案，发生在单人涉案1亿多元的陈子枚身上。

从审查起诉阶段的取保释放后，最终一审得了缓刑。

最近，作为前辩护人，接到家属微信，知道二审生效判决已然作出，而一切，都似乎尘埃落定。

于是，借由这些文书，我决心检视，一度触及自己内心的，刑案里最密集专业付出与辩护技术运用的这段过往，而更重要的是由风暴般案件挟裹而来的，给人心的激烈冲击：

"世界长了一张温柔的脸，触碰时却发现了坚硬的外壳，而法律是冰冷的铠甲。"

是啊！若是某个人某一天不可避免地遭遇刑事案件，于仓促之间表露出的恐惧、哀伤、惊喜，必定映射了世界最真实、硬核、冷峻的一面。

## 持续信任：前委托人介绍来委托

陈子枚是公安厅陈处介绍来的。

陈处的儿子早先因妨害公务出事后找到我，7天后人取保了。那案子还没结时，碰上陈子枚被抓，两家是亲戚，于是家属又通过陈处找到我。

来事务所的是陈子枚的老公黄先生。典型的广东人，瘦瘦矮矮的，斯文而谦和。

和黄先生形成反差的，是一起来的黄先生的哥哥，蛮富态的，戴着金边眼镜。短短的一个钟头里，哥哥不时打断弟弟，黄先生于是频频地陷入静默。

那次见面讲到了什么？其实没什么印象了。现在记得的，主要是家人对案子的不理解，然后就散了。

刑事案件的真相终有破解日——无论是否理想。但于仓促办案的间隙里，闪现出来的关于委托的复杂决策过程与背后的力量勾连，才是真正影响家属心智、影响与律师沟通的压舱石。有关这一点，直到今天，我都蒙在鼓里。但后来，在繁忙的办案期间，得以于白云苍狗般的案情推演中，于窥豹之一管里，瞧见若干真相，这次，仍然是刑事案件中的老剧目：关系与专业的角力。这一层，是接下来逐渐展开的，暂且按下不表。

和黄先生兄弟见面三天后的傍晚，电话突然响了，是陈处。

陈处问我有没有接到黄先生的电话，陈处说黄先生心情很不好，在电话里跟他大哭。

我很愕然，因为黄先生并没有给我打电话。尤其惊讶的，是几天前黄先生持重谦恭的样子，实在很难和情绪失控联系起来。

刚放下陈处电话，又响了，这次是黄先生打来的。虽然之前有了陈处的预告，仍没想到，一个男人的哭，如此瘆人。

"……就算家里一只猫猫狗狗，跟了几年，心里都会割舍不下……回家空空荡荡，心里……"

那一哭，凄恸哀婉、悲声低回、绕梁不绝。

2018年10月25日，黄先生第二次来到律所，确立委托。26日下午，即行会见。

见到陈子枚的那一刻起，这个总部在北京波及全国多地的私募基金涉罪案，才从委托人一方开始掀开了幕角。

## 认真会见：解剖专业辩护中的最专业

真巧了，接下陈子枚案的三个多月前，关于私募基金，因为当时办理别的案子，我刚刚写过12000多字的研究文章。

从私募基金的路演、私募人数上限、备案、风险约定，与非法吸收公众存款中的对应人数、非法性、利诱性特征等，一一查找案例对照分析。

回头来看，这样的研究文章却真没什么用。

对于一个自认为无罪的人，最大的困扰是境遇突变后的精神冲击。

在翻身都会撞到旁人的席地而眠的监仓里，凌晨3点到5点的夜间值班，高压下刻板的作息管理……

所有这些，我当时一无所知，直到一年后，在办兰花花的案子时才知道。

兰花花同样因为非吸案，与陈子枚押在同一个看守所。与陈子枚的稳重沉静不同，兰花花心直口快。一句话，让我意识到一个女人在羁押中的窘迫：

"现在连擦屁股的纸都没有了！"

那一回，走出看守所，我才恍然大悟：曾经的陈子枚原来在此独自经历了那么多不堪与窘迫。也才恍然大悟，在陈子枚平静镇定的表情下，她采取了无比高明的策略。

高血压和心脏病带来的隐隐不适与折磨，焦虑、忧愁、愤懑、恐惧、不解，排山倒海、席天卷地，而瘦弱的陈子枚选择了最聪明的策略——无视。

陈子枚其实并不瘦弱。她4个月后出来时，穿着色彩斑斓的连衣裙来到事务所致谢，短短一周内似乎变得高大、圆润、欢喜的样子，我竟第一眼没认出来。

但是当时，坐在看守所栅栏里面的陈子枚，圆圆的脸盘上，面容清瘦，皮肤白净，但眼眶深陷，颧骨高耸，肩头尖尖。有一次，谈完案子，她认真地交代我，帮她跟黄先生找一下家里床头上的经文，下次带给她。

意想不到的是，一贯温和的黄先生知道后，少见地大发雷霆。

陈子枚的案子办下来，黄先生这次发脾气是唯一一回，我当时就茫然了。黄先生在电话里说：

"就是那些东西，把她弄得神经兮兮，没有那些东西，她也不至于走到今天……"

黄先生坚信，是陈子枚信了邪，再让她看那些东西会误入歧途，拒绝帮她找。

但毕竟是委托人的要求，我就去网上找，按陈子枚讲的，搜了一下，很快就出来了。

我前前后后看了几遍，虽分不清段落意群，也不知如何取舍，但内容并没有涉及什么邪教呀，带进去也没有什么不妥，就一起打印了。专门向监管说明，能让当事人缓解压力的，不涉及案子，然后，交给陈子枚。

陈子枚眼里闪过难得一见的亮光，伸出双手举着接了过去。

原来，黄先生是乡下读书进省城，和同是潮汕人的陈子枚结了婚。陈子枚虽然只有高中学历，却凭着一番苦读，拿到了基金从业资质，可是，面对突如其来的灾祸般的刑案，"想破脑袋也想不明白"，唯有把所有念想，寄托在自己能理解的东西上。

后来，我专门和黄先生解释过。我说："经文我看过了，不是邪教，应该是佛教里一些帮人从精神压力下解脱出来的说辞。

"考虑到你太太现在是精神压力大的特殊时期，这些材料不违反规定，可以帮她舒缓压力，也是好事。"

黄先生在电话里听着，没再说什么。

这件事情在多年的办案经历中仅此一例，于我的意义，就是开辟了一次思考刑案中的人如何化解精神冲击的机会。

刑事案件是乱入静好岁月里的突发祸难。身处其中，犹如生命之舟突陷旋涡，尤其对于没有受过高等教育的陈子枚来说，在依靠现代科学之光也照不到的被全世界否定的孤独角落，于无数个午夜惊魂般人生巨变的囹圄之中，能给她在惊悚未知里，带来哪怕是一丝光亮，让她抗拒黑暗与恐惧，也是值得肯定的。

毕竟，人是有区别的活生生的具体个体，而认知参差不齐，在特殊的人生阶段，也理应得到切合自身的个别关怀。

因为有思想上的排解，陈子枚的精神并没出什么状况，和我沟通也非常畅顺。反而是前面提到的兰花花，精神抑郁。比兰花花更严重的，是之前涉医药行业犯罪的一名女当事人，第一次见面时一门心思要寻短见，一个多钟头里无法正常交流。

## 切入正题：书到用时方恨多

26日下午的会见两点开始，我和小周一点半就到了。

满脑子的私募基金知识暂且放一边，会见是从警察的讯问工作谈起的。

刚刚好，经侦在我们会见前一天正好提讯过。陈子枚说，警察问了一个小时左右。主要问了涉案金额、佣金、是否认识总部张作弘、产品项目等问题。

很明显，讯问人员并没普及过基金法。

陈子枚是接到公安的通知去投案的，当时专门带了自己工作上的资料，但现场嘈杂纷乱，经侦只管问话，忙乱起来，带的资料就没交成。

终于要切入正题了，我对着列好的提纲，问：公司的名称，还有你的任职情况简单介绍一下。

陈子枚回答说，她所在的是某投资基金管理（北京）有限公司广州的分公司，自己于2015年10月入职，是销售人员，名片上印的是销售副总。

"我就是理财师，下面也没有团队，实际就是最低层级的销售人员。"

说到自己的职务，陈子枚一句紧赶着一句，作了上面的解释。

"你问为啥要印上销售副总的名头？

陈子枚气血明显不足，讲起话来细声慢语，但着急起来，一双丹凤眼瞪得溜圆，漂亮的眼珠子都有点突起："哎——无非是为了做起销售来方便一点，社会上的事情，都要考虑工作起来的方便不是！"

陈子枚打开了话匣子，就收不住了，但看得出，她是真正做销售的人员。

至于出事的原因，她说是回购方资金没有到位，到期了没法回购，后来投资人就开始报案。

我问，你知道私募基金只能对特定客户销售，金额需满100万元以上的规定吗?

陈子枚是有执业资质的，又有多年的从业经验。她知道。

——好吧! 至此为止，毕生所学私募基金涉非法吸收公众存款的知识终于派上用场。但是陈子枚明知行业规定，却仍然被抓，看来基金知识再充实，仍解决不了辩护中的难题。

## 会见有用: 以辩护作主线串起案子

我又问她广州分公司的销售流程。

陈子枚很明显在归案前，已经恶补过法律知识了。她说:"我们不能对外公开宣传的，公司从来不允许在微信里或者短信里群发。"

陈子枚说，她的用户都是合格投资者，销售500万元以下产品时要录音录像。要对投资者作风险提示并记录在案，还要求客户提供符合投资条件的凭证。这些凭证，包括个人收入证明、银行流水、投资经验凭证。操作起来，也有具体要求:要把资料通过微信传到公司。客户的投资资金也是进入托管银行进行托管，再由托管银行投向目标公司，再往后的资金情况，就完全不知道了。

——岔开一下啊！有人看到这里会说：光听委托人自己讲有什么用？卷宗里有的才算数。

这样说，并不全对。

没错。刑事案件要看证据。但会见了解到的情况本身也是证据，或者能给申请调取证据提供线索。

事实上，这个案子，等到后来阅卷时能发现，这部分内容根本不在卷宗材料中。

辩护律师的作用就在于，能动态地根据和委托人的沟通，找出那些被忽视、被遗忘的证据，并督促办案机关核实，进而作出全面、准确、公正的评价。

正是在这一点上，这个案子由此开启了破解之门，方法就是：申请调取证据。

当然，后来的调取证据的申请，是与不起诉意见和羁押必要性审查的申请一并提出的，是以组合拳的方式出现的。

所以说，会见的作用，是沿着整个辩护工作的主线展开的。如同一国汽车工业的发展，需要产品设计、技术攻关、零配件配套、营销等全链条配套的产业集群。一以贯之地围绕案件问题，布局会见、阅卷、法律意见撰写、当面沟通，集中规划，分头展开，有效辩护、无罪辩护才能做到掷地有声、言之有物。

实践中，也常看到有的同行目光只见一点，不及其余，偶有所得，就如获至宝地以此提出某某证据不应当被采信云云。显然，这样的意见，由于不能根本性地动摇控方定罪体系，不会被采纳。

不谋全局者，不足以谋一域。

——言归正传。事关非吸的"利诱性"问题来了。

## 重要问题：回购构成利诱吗？

我问：在向客户介绍产品时，有没有"保本""固定回报"的承诺？

陈子枚答："合同中没有承诺，但是在卖产品的时候，客户都非常关心收益问题，如果产品的风险太大一般都不愿意购买。所以我们会提到产品的收益，但是基金合同中不会体现，因为那是违反基金管理办法规定的。行业通用的做法是，找另外的第三方或者基金公司的股东作担保，承担回购义务，因此会跟客户签订《回购协议》。这些协议客户手头有，我在公司的邮箱里也有。"

有一段话，陈子枚讲得很动情，穿过时间的迷雾，犹若在耳：

"毕竟是上百万、上千万元的投资，没有人是傻子呀，简单的《回购协议》，当然不能让人家动心，下决心前，客户都会到处去打听，多方查询，包括到项目地去考察。"

这一点，无疑是案子的焦点问题。因为《回购协议》是行业通行做法，所以需要穿透式审查，认定由此形成的协议，是否构成实质上的利诱。

很明显，回购，只是协议，即使履行不能，也只构成违约责任。应该说，这是私募基金购买者需要承担的风险。而签订《回购协议》本身，多少带有基金发行者的无奈。但由此认定，这一协议必然构成利诱性，无疑会一竿子打翻一船人，会导致所有的私募基金都被认定为存在利诱性的问题，这当然是不公平的，尤其对一般的基金业务员来说，这样认定是错误的。

问题还在继续：

**问**：公司有没有宣传产品？

**答**：公司有客户回馈活动，主要讲公司布局和理投项目。有时候请其他一些行业人员过来讲煲汤、燕窝等养生知识。参加这些活动的，都是买了产品的老客户，这也是我们维护客户关系的一个方法。有时，也向已经购买产品的客户做定期报告，披露目标公司项目经营情况及进展。今年初有一次，也带了VIP客户前往三亚旅游，顺便到三亚项目所在地察看项目，参加的也都是买了产品的客户。还有，在客户产品差不多到期时，我也会向客户了解，到期的产品是否还有其他投资意向，有的客户会直接提现买车、买房，有的客户会继续买其他产品。

问：公司有没有统一的薪酬佣金制度？

答：有的，我们的佣金比较低。同行业水平大概是2.5%以上。我们1年期的产品佣金为1.7%；半年期的产品佣金为0.45%；3个月的产品佣金为0.35%。

——解释一下，上面两个问题的要点，在于委托人的行为，到底是同行业内的一般性的职务行为，还是参与具体落实执行或指挥决策犯罪的行为。

## 祸不单行：被损害、被污名的被害人

问：你为什么购买公司的基金产品和绿色股权？

答：公司有9—10个基金项目。购买绿色股权是公司的员工激励政策，在分公司由覃学山代持，再往上是张作弘在南京代持。由于公司是有牌照的，我也是真的相信公司产品，并且项目都是看得见的、真实存在的。我认为产品是安全的，所以就买了。

问：产品出现问题后，有没有采取什么措施协助投资者维权？

**答**：我进来之前，广州就对理财师以集资诈骗立案了，南京主营业地那边，张作弘、白国英和一名财务被立案了，罪名是合同诈骗。在产品到期出现问题后，我就代表投资者跟公司协调。7月出现延期时，公司给了投资人三个选择方案：1.产品延期1年，收益增加10%；2.转让绿色的股权；3.转别的公司的股权。这些事情还没有做完呢，南京的老板就被抓了。

陈子枚继续道："我们销售端在7月产品出现延期后，还协调跑到南京、三亚了解项目情况。还到北京证监会、基金协会反映情况，希望行政管理部门给上层压力，维护投资者的权利。

"我们也着急，因为这里面有自己的钱呀！"

**问**：你和客户分别是什么关系？投资人有没有拼单的情况？你的投资金额有多少？

**答**：我的客户，都是亲戚、朋友，要么，就是已经认识很久的以前的客户。也有两个，是今年刚认识刚买的产品，但我们没有拼凑投资。我之前是广州另一家财富公司的员工，后来才转到现在这家公司，以前的客户就跟着我过来了，我会单独发产品介绍给这些客户，如果有意向购买，才会进一步介绍。还有啊，我跟侦查机关报的金额是1亿元，实际上应该是1.1亿元。

虽被羁押多日，在投资金额上却并不糊涂。陈子枚说：

"我介绍的一个朋友投了300万元，表哥谢江涛投了550万元，自己投资的产品228万元，另有315万元挂在一个熟人客户的名下。我实际上的佣金只有100多万元，有20多万元佣金还没有拿回来。"

不得不说，陈子枚还是有点乱。前面说没有拼单，和后面的315万元挂在熟人名下矛盾了。虽然不直接构成犯罪，但是挂单涉嫌拼单。

另外，对涉案金额，陈子枚有准确的判断。虽然她对警察有所保留，但能对律师坦诚相告，让我感觉责任重大——律师的作用，很重要的就是在法律允许的范围内，防止无谓地盲动与专业无知基础上的错误对抗，引导如实地还原原本无罪的真相，而避免让无罪的真相扑朔迷离，甚至走向被错误认定。事实上，她对警察隐瞒的数额，在后来的鉴定意见中，都一一列出来了。从这一点看，她的不具有期待可能性的小小隐瞒，显得狡黠又可怜。

## 问题 "切香肠"：什么时候知道的挺重要

**问**：公司层级架构是怎样的？

**答**：某控股公司之下，是某资产公司，再往下，才是某基金公司。基金公司内部的人员架构是：总裁—副总裁—总经理—理财师。理财师就是我们，名义上的销售副总。

既然陈子枚已经对非法集资的法律有所了解，我也问了些深层的问题：就你知道的，公司有没有"私募自融"问题？

**答**：在7月产品出问题之前，销售端谁知道有自融的情况呀。但后来因知道公司出事了，大家也都去打听，到处查资料。根据后来知道的，公司也不全是自融。因为在基金产品资金投入前，目标公司是真实存在的，且是持续经营的，某仪器二厂已经有60年的历史了，但是基金公司的产品资金进入之前，老板就已经有投入这一块。但是这一些都是在7月出事以后，我们才从媒体上、从微信里发来的老板的录音里了解到的。

委托时黄先生已经把案件里有些细节和我们对过了，所以像绿色示范股权这些问题，主要是和陈子枚核实一下。

咦！一通会见结束了，居然没有用到真正私募基金的知识哦！

## 定义专业：披着私募外衣的刑事案件

从刑事司法角度来看，在刑事司法裁判的主场，私募基金是否构成非吸，本身是需要用刑法专业判断的问题。而不是相反的。

且慢！不是说，非吸中的非法性的判断基础，在于行政违法的初步判断吗？

这样说，不全对。

首先，这个问题，仍属刑事法律犯罪构成要件认定的范畴。

行政违法，确实可能构成非法性。但行政不违法，仍然被认定构成非法性，才是本案的真正问题。

这个案子中，办案机关专程经由金融局，出具了没有批准该基金公司从事吸存业务的证明文件——这一行为本身，就是收集刑事犯罪证据的过程。

然而，案子的真正问题并没有得到解决：包括陈子枚在内的人员，无论是岗位职责，还是内心认知，大家都不是奔着吸收公众存款来的。

对于理财师，像陈子枚，在入职前甚至专门查询、了解公司是否规范备案。理财师的日常工作，更是与同行没有任何区别的私募基金业务。

换句话说，即理财师从事私募的业务行为，不需要也无从向金融局申请什么吸存资质。

从刑法三阶层理论来看，这里出现了主观阻却事由：事实认识错误。因为主观上认为自己从事的是合法合规的私募基金经营行为，就可以排除主观故意，直接认定不构成非法吸收公众存款。

更进一步看，即使认为本案中嫌疑人是在合法形式下从事了实质上非法吸储的犯罪活动，即形式上合法而实质非法。确实，从刑法理论上讲，成立故意犯罪，不要求行为人认识到自己行为的违法性。也就是说，通常所说的法律认识错误，不能成为阻却追究刑事责任的事由。

但此时，仍要结合陈子枚在本案中的具体情况，分析她有没有违法性认识的可能性，对于不具有违法性认识可能性的，不应负刑事责任。

本案的事实是什么呢？

考查案发原因可以知道，全国范围内该基金公司案发，是由于主营业地老板的合同诈骗导致的。可是，老板的合同诈骗，与整体商业模式构成非法集资，并不存在必然联系。具体到陈子枚，她只能从外观上识别和审查，从她能查到的公司的合法备案登记情况，从自己的正常规范的履职行为，陈子枚对于案件是否存在违法性不具有认识的可能性。

反过来想，50岁的陈子枚，不打东家打西家，真正明知公司是非法集资犯罪的，还会以全部身家，再凑上家中老人一辈子的积蓄，拿着500多万元去购买涉非法集资的基金产品？

答案，当然是否定的。

至此，事实认识错误—法律认识错误—违法性认识可能性，用到的全是刑法学知识。


# 醍醐灌顶：私募搭台刑法唱戏


私募基金知识是和委托人沟通的叙事基础，有了这个基础，能提高沟通效率，也有利于搭建信任。沟通完了，信任建立起来了，最终还得回到刑事法律轨道上来。

从这一点上看，私募基金懂一点或许是好的，但过犹不及，过于迷信，甚至将私募基金刑案直接等同于懂得全部私募基金法律法规才能把案子办好，反倒会成为负累——目光频繁流转于证据与基金法律，而不是专注于审查刑法与案件证据、事实的关系，反而会偏离真正决定案件认定的轨道。

毕竟，这里不是审理基金发行是否合规合法的法庭。

拿人数举例来说吧！私募基金关于人数上限200人（契约式或股份公司）或50人（合伙制或有限责任公司）的规定，并不适用于这个涉案10亿多元的案子。从刑事司法的角度看，不考虑其他因素，如果发展人数超过30人的，就已经达到个人构罪的立案标准①。

另外，私募基金的路演问题，在本案中直接隐身。

从最终效果来看，这个案子里，成功把陈子枚搭救出来的，仍然是"客观行为＋主观故意＋证据说理"的三板斧。

现在，我会后怕：过多的陈述证据材料里连侦查机关都没有提及的人数上限、投资人数需穿透式审查，会不会被司法官当作卖弄而遭鄙夷呢？会不会由此导致委托人的情况被越描越黑或跑偏呢？会不会在节奏感极强的刑案办理进程中耽误辩护工作呢？

每次想起不锈钢隔栏对面坐着的陈子枚，我也会反思自己学习私募基金规定的冲动。

刑事法律的专业与私募基金法的专业，就是我与陈子枚之间的区别。

恪守刑事程序，激荡实质审查的表达，才是刑事律师应有的定力。刑事辩护本身，应遵循特定的证据审查、举证质证、动态说理以及证明标准，如果是换了金融专业的内容，满脑子装着备案流程、呈报审核、项目考察等基金知识，必然是疏于刑事流程中关键节点的辩点挖掘与问题表达的。

---

① 2022年新施行的《最高人民法院关于审理非法集资刑事案件具体应用法律若干问题的解释》(法释〔2022〕5号)，将人数提高到150人。

"人不能同时逮两只兔子。"

我的醒悟，在陈子枚的案子里得到了印证。

这就是黄先生讲的叶律师的故事。

原来，在案发前，包括理财师在内的投资人，就一起凑钱请了咨询律师——正是有金融知识背景的叶律师。他说，叶律师当时信心满满，判断"肯定不会出事"。当然后来，陈子枚被抓，叶律师被黄先生果断放弃。

## 分秒必争：小小附件要走硬核路线

法律意见是11月19日下午递交的，共2份4000多字。包括一份不批捕的意见和一份当面反映意见的申请。亮点是不批捕意见文末的7份附件。

附件直观，容易引人关注，但不能妨碍阅读，附在了文末。

7份附件，分别是陈子枚购买基金产品的合同以及凭证、案发后陈子枚本人的报案回执、投资者的调查问卷。考虑到不批捕后，往往会变更成取保，所以还附上了陈子枚患有高血压和心脏病的疾病诊断书。

不批捕的意见是这部分的重头戏，其实在一周前就写好了，陆陆续续又改了三稿，目的要做到规范、直白、简约、明了。为方便检察官阅读，分成了5点。内容都是会见了解到的情况，为引人注意，强调了一点：

波及全国的涉众型案件，一个基本的政策是全国不同省份要保持平衡，避免同案不同判，其实这也是刑法适用平等原则的体现，也就是通常所说的，对任何人的犯罪要平等适用法律，而且这样的要求，贯穿在定罪、量刑与行刑全过程，禁止任何特权。

说这一点，就是因为主营业地只抓了涉嫌合同诈骗的三个人，而广州却把许多理财师一网打尽了。

律师万不能捏造证据，所以意见中特意声明，这些事实，是陈子枚归案前收集到的证据。

当面听取意见的申请，对不批捕意见作了提炼，使其更加凝练，其目的在于先声夺人，在检察官第一眼看到时就能被吸引，进而注意案件中的问题。

两份文书，双剑合璧，志在搭救陈子枚出囹圄。

必须说，区检的效率很高，第二天上午就回电了，说已经安排下午由检察官当面听取意见。

面谈的男检察官，矮小且精干的样子，戴一副眼镜显得很端庄。他例行公事地听了我的意见，又额外地透露了对我意见的不接纳。他刚刚接待完信访的投资人过来，显然还没有从投资人的怨声载道中缓过劲来。

多年以后，这次面谈的场面依然栩栩如生。

可以明确知道的是，这名检察官正是后来出庭支持公诉的其中一位。而正是后段的出庭，唤醒了前段的记忆，将这些经历深深从记忆中刻画出来，也告诉我一些道理：

每个司法官，都是从忙碌而现实的逼仄空间中抽身出来走到你面前的，但作为辩护律师应当关注的不是别人逼仄或忙碌的背景并把这些叨叨成谈资，而应专注于精心锻造自己的利剑——击即中的说理方法与力透纸背的书面材料。

## 再见关系：身居高位者避之不及

距离被羁押已经过去一个多月后，黄先生的紧张与焦虑到达顶点。

到底能不能不捕？会不会因为出资人闹事而升级成集资诈骗？传言中案子会移交到市检察院是不是真的？

久未谋面的妻子，显然已经成了黄先生生命的全部。有一次晚餐，在律所附近的椰子鸡讲案子，黄先生又一次泪崩："没想到我现在成了犯罪嫌疑人的家属……"

原来，在刚刚过去的一个春节，黄先生突然接到单位通知：马上去花市！

来到花市的他又惊又喜地发现：国家给我派任务了！当

年，有领导来花市参观，黄先生受命给领导提供面对面的解说。

黄先生说到这里，拿出手机，笑得合不拢嘴地把他给领导解说的照片找出来给我看。他说："现场是不让拍照的，但同事在旁边拍到了，后来私下发我，我赶紧保存下来，作个纪念。"

关于黄先生的具体职位，他却始终没有跟我说，我也非常知趣地没有开口问，但判断年过半百的他至少是市政部门的业务骨干兼领导，想必是没错。

彼时的我，在黄先生先笑后哭的变化间，心下疑惑：身居高位，或与身居高位者近在咫尺的黄先生，为什么遭遇刑事案件不找关系，反而紧紧地把希望都寄托在专业律师身上呢？

是破不开面子吗？是有什么难言之隐吗？

都不至于吧！毕竟，黄先生的哥哥，裸眼都能看得出是有相当能量的亲人呀！

黄先生唯一的考虑，必是关系没用。

对于身陷刑案者，世人皆如避瘟神而不及。即使有机会面对身居高位者，又何以启齿？要知道，越是身居高位，越对敏感情事高度警惕。即使是近如亲兄弟者，仍需转向第三人求助时，对自己尚不能说得清的案子，对专业门槛如此之高、涉案金额如此之巨的刑案，又如何能向别人说得清楚呢？谁又能保证听者不会生出你所说的冤屈，不是你包藏了偏袒亲人的"歪嘴念经"呢？

是的，当关系已经成为某些人似乎是执念般通行无阻的通行证时，偏偏在身居高位者的心里，专业才是真正通行的证明。

## 自由之光：显现于没有征兆却持续的努力后

转眼，就是2019年春节，新的一年，刑诉界发生了一件轰动的事情，那就是捕诉合一的施行。

从后来修订的刑事诉讼法看，捕诉合一全面写入，自第八条而下，共41条中提及捕诉合一的部门。

树根不动，树梢白摇。专业辩护不管风云如何变幻，始终更注重瞄准有实效的行动。

从部门设置变化看，这一改革是为提升效率。把原来分散在侦监、审查起诉、诉讼监督给不同部门、不同检察官的工作，改为将同一案件的审查批捕、办理、审核、决定、监督等归为一个检察官负责。

对冗余繁杂、卷宗量庞大的案件，魔鬼可能藏身于其中若干处，确实多人倒手会导致工作量暴增。

但作为专业的律师，本身已经将案件问题清澈如水般披露出来，则不管一人审核，还是多人倒手，都能一目了然地展示其中的问题。

从2019年11月开庭时的检察官就是2018年11月当面听取意见时的检察官来看，陈子枚案虽跨了改革前后，但实际上已经适用了这一制度。

那段时间，黄先生发来许多私募基金方面的法规，也让我的私募基金知识一度飙升。

更早以前，黄先生把投资人委员会信访的信息发给我，包括给北京证监会的举报材料。印象最深的就是几次上南京找玄武区经侦的信息。投资人里，温和派告诫投资人不可轻易报警，激进派却反过来主张以集资诈骗追究包括理财师在内的公司人员，两派人势同水火。

年后2月，案件移送审查起诉。月底，团队拿出了阅卷笔录。几经修改，又写出了三份文书：一份是不起诉的意见；一份是羁押必要性审查并转为取保的申请；另一份是调取证据申请。

这时已经可以看到证据了，所以17页不起诉的意见和羁押必要性审查申请，都把卷宗里的证据附了上去，以让人信服。调取证据的申请，就是调取陈子枚具体投资的合同、凭证以及打款记录。

3月，经历了从区检察院移送市检察院后，案子又从市检察院退回区检察院，在长久阴郁等待的日子里，这无疑是一个好消息。

　　这时，去南京信访的投资委，传来了玄武区经侦就侦查工作进展的通报。毕竟是主营业地的消息，在这个通报里，我看到那边警方阶段性的统计结果是案件共涉及近千投资人，人均投资金额是400万元。

　　在这里，还通报了一些投资项目的情况，有三亚项目资产情况，有冻结的100多辆车的初步评估，有对主涉案人零口供的澄清。

　　看着这些信息，很明显，侦查机关面对的不仅是案子。我突然就想：辩护律师与多条指挥棒之下跳舞的侦查人员相比，没理由不做得更好呀！

　　4月初，我正在吉林四平出差，陈西的案子紧张开庭的间隙，发现有广州两个电话没接听，打去时，对方说是广州一区检察院的，告知法律文书已收到，不起诉的意见暂不接受，调取证据和羁押必要性的申请正在研究。

　　12日我从东北回来，又去看守所会见了陈子枚。这时天气渐暖，她想家人给她准备些短衣裤送进来，还有，就是《唐诗》《宋词》等书籍。

　　彼时衣物书籍都可正常寄递。我叮嘱黄先生，记得由门口转毛姓管教再转"211陈子枚"。

19日上午，突然接到黄先生的电话，说接到通知让他下午去看守所。他问我是什么事？

我当即告诉他：带上结婚证和身份证，是取保需要家属去接人。

晚上8点半，随着忙乱中黄先生有些沙哑低沉的声音传来，随着手机里弹出一张释放证明书图片，历时6个月又2天羁押的陈子枚重返家庭得到了确认。

近半年的忙碌与焦虑，顿时一扫而空，我在往事的回忆中风尘仆仆。

我想，陈子枚应该感谢老公没有病急乱投医。

要知道，原排名第三的陈子枚，在总共16名犯罪嫌疑人中，自其而后的14人全部取保。①

而三年后的今天，这一时刻一再被忆起，则有更多让我坚守专业的原因：

即使力有不逮，也应该尽力用自己的文字致敬法治。每一个字，不应有歧义，每一段表述，不应白费。虽然时间过去，要求会变，可是在每一个当下都要做到极致，每隔一段时间都会有鼓舞人心的结果呈现，让我一再地知道，坚持是

---

① 陈子枚在审查起诉阶段被取保候审，在审判阶段被判处缓刑。

值得的。

　　审查起诉阶段的文书，我一直称为"连环拳式的组合"，却又总觉得差点意思，也不简练。后来，在团队内，渐渐改为复式辩护。相对于单向线性辩护思路，这里说的复式，特指针对案件中的特定复杂问题，运用指向不同、有主有次、互为犄角的多份文书的组合辩护方法。

# 第八章

# 六旬翁身陷征地旋涡，
# 发回重审波折多

在法治耀眼的舞台上，每一次自由，都是专业法律人的无上荣光！

邓建国的案子，是在一审结束了才找到我的，后来，发回重审，重审期间获自由，再次上诉时又继续委托了。

划重点：发回重审，不是本案的亮点，重审时获自由才是。

先了解下案情：

主角：邓建国

委托：专业信赖＋同学情谊

时间：2020年3月—

地点：深圳某某区

罪名：诈骗＋行贿罪

案情：邓建国因自建房得了拆迁补偿款，数年后，被认定为诈骗补偿款，同时，有向拆迁人员行贿情节。数罪并罚判处有期徒刑十四年。

好了，看官！如果您只想了解案情与结果，到这里，就可以打住了！当然，和之前的系列文一样，以下，才是本文的重点。重点要讲的，不是法条罗列与辩点陈述，而是刑辩路上方法的思考、路径的选择以及案件真相探寻间隙窥见的人性真相。

回首这起辩护，曾经的所见所思都凝结在四个关键词中：委托、会见、自由、开庭。

## 双重信任：人生尴尬之际的变迁与坚定

邓建国的案子一审结案，时间在2019年12月。近六旬的老人，背着十四年的刑期，一天等不得一天了。为了换律师，邓太带着儿子和女儿跑来广州，和律师见了一面，又回了深圳。

邓太笃信金牙大状，知道这是刑辩界的金字招牌，结果回去和家里人一说，弟弟在电话里就是一通臭骂。

弟弟刘兰军是乡下派出所的所长，和我是当年省警校培训的同学，我喊他刘所。他知道姐姐没文化，没经见过事儿，担心冒失委托被骗，特意交代她："要找我的老同学张王宏律师。"

邓太赶紧让女儿在手机上查。咦！这和张律师的律所不正好是同一家吗！当即，又打了我电话。接下来，再跑广州。由弟弟、儿子、女儿作陪，邓太和我见了一面后，确定了委托。

3月16日下午3点多，刘兰军陪同姐姐走进会议室，我惊诧于几年不见，原来板寸头的老同学，此时长成了满头蓬松的微卷狮子头，其间更赫然夹杂了几根刺眼的银丝，稍显拘谨和热切的笑容里，夹杂着曾经火热警营的熟络与人生特殊际遇期的尴尬。

虽是老同学，也一直是微信好友，但我和刘兰军并不熟。当年匆匆几十天的培训，混在几十人的大队伍里，只大约记得大家年龄相仿。这次再见，才知道他居然年长我七岁，前一年刚做了心脏支架手术，这阵儿正在办退岗手续，要从领导岗位上退下来了。不料，遇上姐夫邓建国的这摊子事儿。

姐夫的事儿，事关老姐晚年的幸福。

邓太，名刘兰花，早年从揭西远嫁深圳，其实一直蜷缩在大特区的一个小旮旯村子。近十年来，刚刚享受到特区发的红利，临老，老伴因村里内斗被抓。这事儿开始时，家人只觉得是邓建国反对村委会主任上位，得罪了一些人，拆迁已经是十年前的事儿了，各种渠道得来的消息，都让大家觉得，司法也就是走个过场，不会真判，不想一审竟然判得这么重，这才慌了神。

刘兰军关心姐夫的事情，后来会不时地给我打电话、发微信。但他并不纠结法律文书的撰写，也从不给律师办案支招。但会小心地从老同学的角度打探案子的进程。不时地也会问我，利用自己仅有的、从一个偏远的小地方结下的关系网，能不能对案件有所帮助。

背负了熟人关系的委托不容有失，这场抗争从一开始就倍感压力——多得后面有个明亮的尾巴。

2021年4月18日，在邓建国成功取保前的两个月，去加格达奇会见非法经营的马硕时，途经潮汕机场，刚好在刘所家旁边，刘所说他那边有些法律事务，也正好当面谈谈邓建国的案子，便去了趟他家。

那是一段县城里敞亮空旷的水泥路，沿马路拐进一溜儿狭窄的巷子，边上，踏进门便是堂屋。相当于是城里人的客厅了。堂屋的柜子里、桌子上，散放着医学书、按摩器零部件，墙上也有一些常见的人体构造图。原来，刘所出身医药世家。

坐聊时，并不见有人问诊，倒是刘所的一个朋友，做医药的，带着夫人来聊天。印象里这位夫人非常谦恭，见到摆放的老物件，或接一杯递来的茶水，都会双手合十以示礼谢。或许是工作日，并没有见到刘所的小孩。晚上临离开就餐时，刘所的老父亲走出来，弓腰扶着门边，笑笑地和一众人躬身道别。

为什么想起这些片段？

有着共同经历的我与刘所，仿佛是一根茎里分出的两条枝干，奔着不同方向，各自延伸、发展，迎接各自生命中的风雪雨露。原本并不熟悉的同学，却因亲属的刑案在时过经年后产生了更多交集。

## 会见艳阳：碧树丛中的一路疾行

看守所建在一处山头的南面，沿大门口的窄路去市区，一路上人迹罕至，映入眼帘的满是青翠高大的绿树与刺眼的日光。

刑案无疑是沉重的，但因为后来突然的自由，连记忆都染上了欢乐的颜色。倒是那次保外就医的会见，充满了悲壮气息。

2021年4月14日早上，突然接到看守所的电话，说邓建国因癌症住院，手术已做完了。

噩耗来得突然，我赶紧取消了16日的出差，预约、抢号……接受委托一年来，会见波折不少，但这回和之前的十多次都不一样。

会见保外就医人员，要先和看守所电话沟通，得知医生允许了，再向看守所递会见材料，再按预约好的时间赶去定点医院。

好在看守所离医院仅十分钟路程，刘兰花陪我一起上的电梯。电梯门打开，楼道里全是着装警察。这时不见了一路和我说话的刘兰花，扭头去找，发现她目露惧色，退回去了，电梯关上门，就剩我一人在楼道里。

这里是六楼，单独直达的一层。我到楼道转角处的桌子上，交了会见材料，接收的中老年警员翻看了，拿起材料起身离去。转眼，又来了一位年轻警官，一身警械披挂整齐，估计是负责的小领导，他边上还站着一位更年轻的警官，严肃地望向我。

领导盯着问我，"你身后那位是不是家属？""你为什么带家属上来？"

我说："家属不是我带上来的，我是第一次来这里，上楼时没人阻止；家属之前来过，家属是自己进的电梯。"

盘问没持续太久，但在一年多的会见里，让人印象深刻。

我记得，刘兰花在来时的路上，一直跟我讲，医疗点的楼不让家属上去，且楼道口有人把守。但我们上楼梯时，楼梯口无人看管。

材料查完，往里左转又过一道门，站在一个有医护人员值守的窗口，又等了约十分钟，终于见到了邓建国。

邓建国是坐在轮椅上被人推过来的，隔一窗口和我对望。他比以前更瘦了，光光的脑门显得很突出，宽大的病号服下，露出颈部白皙而松弛的皮肤。虽然声音虚弱无力，但意思表达十分清晰。

在工作记录本上，对这次来之不易的会见，我做了13点记录，但邓建国的核心意思就一条：我没事了。

这么突发重大的疾病，即使我相信他没事，出去了家属也不信，所以对他的回答我还是作了拆解：

1. 前天开始感觉肚子饿（好消息）。2. 无化疗。3. 癌细胞无转移（事后证明此条是错的）。4. 每天喝一瓶营养液。5. 医生判断恢复得很好。6. 营养液准备停掉。7. 医院伙食好一些，不像以前的那么酸辣……

虽然医生都认为恢复得不错，但邓建国要住多久院？他自己也弄不明白。这意味着接下来需要频繁会见。

这次会见，距离委托刚好过去一年了，对比之前10次会见，我有些奇怪：邓建国没有了平时见面的欣喜，现在是满面的疑惑不解。

邓建国的疑惑，主要是突发疾病后入院手续的迟滞以及衔接的松慢。在生性严谨的邓建国眼里，这些都超出了他的人生经验射程。

其实，被羁押人员突发恶疾，总体上是零星事件，羁押场所与医院都不会经常遇到，如果是新任领导，可能之前都没遇到过。

千万种理由都好，律师唯一要做的，就是保证邓建国接下来顺利、健康。

当然，最要紧的，是争取自由。

## 自由之路：专业出击之多箭齐发

因罹患（或可能罹患）癌症的取保，我有之前史美兰案的经验，但这次的动作更密集：

1.向检察院递交羁押必要性审查申请。2.向法院递交取保申请。3.以家属名义向看守所提出取保申请。

动态辩护，先发三箭！

当时的核心依据有三条：1.癌症晚期，已切除20公分大肠，短时间内生活不能自理。2.癌细胞可能转移到肝。3.诊疗准确性不足，可能导致更严重的问题被掩盖。

核心信息除第一条外，都要加上一个关键词：可能。那段时间，一切信息的出口都在看守所，但看守所也要通过医院才能了解到病情，信息传递于是又多了一重过滤。

可能性的存在，既有医疗科学本身或然性的因素，也有信息传递的误差因素。

带着这些问题去问邓建国，他眼神里的疑惑更重了。这时候，女儿邓小花着急上火了，希望邓建国在五一节前出来。

律师递交法律意见，是第一波动作，随后，是分头跟进各边的处理进度。

检察院的反应最快，在第二天就打电话和律师沟通了，随即在29日作出了变更羁押措施的决定。但法院答复说，人在看守所，没有看到看守所提交的是否适合羁押的意见，不能决定取保。找看守所时，看守所说医院的材料已经分别给了法院和检察院。

这时候，家属心急如焚，律师往来奔波，答复各不相同，信息的纷乱冗杂不免让人焦躁上火。

我后来总结，专业律师要厘清问题的症结，更要避免负面情绪传染。后来，我渐渐相信，当时的情况，是因为三个部门间出现了信息传递的错位与迟延。

为了搞清情况，我前后4次会见邓建国，分别在4月19日、4月25日、4月30日、5月7日。

第一次会见后，第二天接着向看守所再递书面材料。1700多字的材料，核心是提请看守所向办案部门提出邓建国不适合羁押的意见。为了说明提交意见的原因，先说了探视时邓建国糟糕的健康状况，后提出办案单位称未收到在押人的病情书面材料。

5月7日会见时，邓建国终于回到看守所，却是一副萎靡不振的样子。一问，说"饮食不好，肚子都是胀的"。

这时候，检察院已作出不适合羁押的意见，但法院提出要就邓建国病情听证，律师提出反对意见后，法院又提出要对邓建国进行病情鉴定。律师再次反对。

听证会、病情鉴定是什么意思呢？为什么律师要反对？

根据《刑事诉讼法》的规定，只有一种情形需要召开听证会，那就是申诉案件。但很明显，这个案子并非申诉案件。

而病情鉴定更不合适了。理由是身份。

病情鉴定规定在《看守所留所执行刑罚的罪犯管理办法》中，可是嫌疑人，并非罪犯。将被告人比照已决犯进行病情鉴定，明显是对被告人不利的类推解释。

法院在电话里还说，邓建国原判十年以上是他们考虑启动病情鉴定的原因。对此，我在沟通意见中一并回应：

"《刑事诉讼法》第六十七条第一款第（二）项规定：可能判处有期徒刑以上刑罚，采取取保候审不致发生社会危险性的。人民法院、人民检察院和公安机关，可以对犯罪嫌疑人、被告人取保候审。"

也就是说，对可能判处十年以上的被告人，法律并未设置特别要求。

邓建国案子的亮点，全在这次向三部门提交的取保申请。

这份法律意见，如果仅仅说到上面两层，其实是不够的。这份意见，还讲到了羁押期间可以取保的根本依据。

鲜为人知的是，羁押期间人员取保的依据，参照的是《暂予监外执行规定》，而这个规定里，并没有何种情况下的何种疾病适合取保的内容，要找相关内容，需要援引《保外就医严重疾病范围》，关于肠道切除，关于肿瘤及心血管疾病，在这里都可以找到具体依据。

那么，问题来了：病情鉴定，既然不能参照《看守所留所执行刑罚的罪犯管理办法》，为什么申请取保，又可以援引《暂予监外执行规定》《保外就医严重疾病范围》？

这就涉及我国刑诉法一个重要的法理原则：有利于被告人。

《看守所留所执行刑罚的罪犯管理办法》是针对罪犯改造工作的，并没有包括被告人，根据公权力领域"法无授权即禁止"，对被告人启动病情鉴定，涉嫌越权司法。

《暂予监外执行规定》《保外就医严重疾病范围》是为了规范暂予监外执行工作的，援引其中的规定可以弥补严重疾病认定的空白，对保护被告人有利。从有利于被告人原则出发，就可参照认定。

那么问题又来了：既然病情鉴定不能参照，法官又不是医生，对于复杂敏感案件中的严重疾病问题该怎么判定呢？

我给出的答案是：司法官可以自行决定。原因：被告人是否符合取保所要求的"患有严重疾病、生活不能自理，采取取保候审不致发生社会危险性"可以为一般司法人员所感知。法律法规没有就认定作出细化的专门规定，就包含了对司法工作人员具备这一基本感知、识别、决断能力的认可。

所以，包括办案机关羁押地公安机关、办案地及以上人民检察院、现审理案件的人民法院，完全可以就邓建国是否适合变更强制措施，独立作出判断。

最困顿焦躁的时候，距离邓建国自由仅一步之遥：6月17日下午5点刚过，邓建国便走出看守所。

## 正义魔方：专业值得你分秒必争地努力！

自由，可能出现在意想不到的任意转弯处。如果承认，意料之外的自由也是生命中不可或缺的一部分，那么，尽早实现自由，也是一种正义的实现模式，而这个时候，专业不可或缺。

这就是邓建国案的启示。

这个案子，一个转弯是二审发回重审，另一个是重审期间重获自由。依靠专业，在尽可能快的时间内，邓建国都实现了。

而看得见的专业，也是家属在二审、重审、上诉中三次坚持选择我们的原因。

律师办案，面对的是司法官的严格审视，面对的是委托人和家属的合理诉求。两者之间，专业终将被需要。尽管这个时间可能来得会晚，也可能会早。

邓建国案中，至今仍记得刚接手时和一审律师碰面时对方的坚决，而那份坚决的无罪判断背后的力有不逮，出现在家属的疑惑里："法官追问之后，律师就不说话了。"

庭审记录中可以看到的则是：发问几乎没有、质证意见则与辩护意见和上诉意见高度雷同。

而我们介入案件后的作为是：

发掘案件证据中本就存在的，证明委托人无罪的证据，结合法律与证据，展示给二审法官，在委托后两个月获发回重审！进而，针对委托人突发癌症手术的情况，多方沟通、动态跟进、变化应对，两个月后实现了取保候审！

如果说，还有什么遗憾，那就是委托后历经三个阶段的审理，最终还是维持了原判。

# 第九章

# 中介平台公司老总染非吸，
# 无罪轻辩破量刑

---

抓住一切可能的机会，重塑一段
人生，挽救一个家庭。不容有失。

## 第三面：致敬有法治定力者

2023年2月28日，下午快下班时，区法院的一楼大堂，梁法官匆匆走下楼梯，递给我一份非吸案的判决书，又返身上楼去了。

临走，来不及翻判决书，我问："秦奇判了几年？"

梁法官站定了，温和的目光透过玻璃镜片望向我，说："四年。"顿了顿，又说："因为你提出量刑平衡的问题，我也注意研究了沈阳总公司的判决结果，作出了这个判决。"

这惊喜来得突然！

瞬间，我感觉面前的法官，突然变得高大，18个月来540多个日日夜夜的担忧也顷刻烟消云散，3天来的差旅辛劳、奔走、纠结，化成了一句同样简单的话："谢谢梁庭长！"

秦奇案审理时，正好刑法修正案十一<sup>①</sup>和新司法解释修正文件出台，新规大幅提高了非吸罪的量刑，而秦总涉案总价值超过19亿元，未偿还部分是2.9亿多元，开庭当天，公诉人给秦奇的是全案5人中唯二的幅度量刑：7—8年。

突破量刑建议作出判决，梁法官一定经受了某些考验吧？然而，具体是什么样的考验，我已无从得知，但是，基于三面之缘的擦肩而过，我相信，他是一位有法治定力的司法官。而我的思绪，瞬间闪回一年前的开庭，那是我和梁法官的第一次见面。


# 第一面：赶着大象过针孔

案子开庭，在2022年1月6日。

穿过人头攒动的安检口，于稍稍昏暗的法庭落座。空落的寒冬时节，当深色的律师袍披上身，当五位被告人一一走进法庭，我知道，决定秦奇自由的时钟启动了。

---

① 2020年12月26日的《中华人民共和国刑法修正案（十一）》和2022年3月1日起施行的《最高人民法院关于审理非法集资刑事案件具体应用法律若干问题的解释》（2022修正），将吸收资金500万元以上或造成损失250万元以上的，解释为"数额巨大或者有其他严重情节"，进而可能判处有期徒刑三年至十年。

那是第一次见到梁法官，在我右手边高高的审判席上，在整理材料的间隙，我瞥见他，也忙于从一堆堆的卷宗里，轮番翻找资料，左来右往，忙个不迭。扭头挪动间，圆圆的眼镜片反射出一闪而过的白光。

自2017年爆雷潮以来，资金链断裂而引发的非吸案，在司法官眼里已不新奇。经历了3年多挤牙膏般的兑付，终于无力回天，现在终于坐上被告席的秦奇，也明显地心力交瘁。

秦奇早在侦查阶段，就认罪认罚了。

辩护中，有一种直觉，很难说，它必然跟案子有关，但它往往决定着案子的走向。

在开庭前的静默时光里，窸窸窣窣的声音不时在周遭响起，坐在五位辩护人之首硬硬的椅子上，4个月来的奔走、检察官的坚决、秦奇的无力、家属的疑惑无助、法院春节前突然的开庭通知……丝丝缕缕的过往，千头万绪奔涌而来……

再一次翻阅手头的法律文书，整理、码放在窄窄的案头，像战士一遍遍摆弄手里的武器弹药。接下来的时间，我知道，机会稍纵即逝。

也就是在那个时刻，我决定，在关乎司法公正的最后一关，恰好可以从平淡入手，引起法庭对案子问题的关注。

因为秦奇侦查阶段已经认罪认罚，所以公诉人没有讯问，质证阶段也没有具体出示证据，但她的态度是明确的："……秦奇作为大连分公司的总经理，明知公司没有金融从业资格，通过口口相传等方式，非法从事吸收公众存款的行为，是主犯，量刑建议7—8年……"

听听！听听！是不是耳熟？

对此，我用三招破解。

一是梁法官自己判过的案子，二是系列案中秦奇上线的量刑，三是秦奇和家属有大额投资未收回。

我瞄准的靶子是案子的三处错误指控：一是秦奇是主犯，二是秦奇构成非吸，三是从重量刑。

我的观点针锋相对：秦奇是从犯，秦奇不具备明显的犯罪故意与犯罪行为，参照同案上线对秦奇量刑应从轻。

轮到发表辩护词了，我抛出第一个意见。这是一个足以引起法官关注的开始。


## 第一招：类案检索出奇兵

我抛出的，是王某伟非法吸收公众存款罪案。

这是一个该区法院审理过的案子，案子发生在2018年初，判决在同年6月。恰好，案子发生在暴雷潮期间，也是一个全国系列案（e租宝），王某伟作为大连分公司的负责人，和秦奇的角色是一模一样的。

判决书认定：王某伟作为分公司负责人，结合其在整个犯罪活动体系中的地位、作用，系从犯。更巧的是，这个案子，梁法官是审判法官！

其实，没那么多巧合，都是团队之前搜索比对筛选的结果。

参照这个近期作出的同类判决，秦奇也应当认定为从犯，已是不言自明了。

接下来抛出的，是高某被控非法吸收公众存款罪案。

高某案，也是区法院判的案子，判决作出的时间更新，2019年6月。比王某伟案还晚一年，更有参考价值。

同样有价值的，还在于高某也是大连分公司的负责人（总部在北京）。同样的，高某被认定为起次要、辅助作用，是从犯。

在辩护意见里，一并提交的，还有胡某、王某、黄某、陈某、林某的案例，5人无一例外，也都是城市经理；无一例外，也都是全国系列案；无一例外，全都被认定为从犯。

要说清秦奇仅起次要、辅助作用，还要回到这个案子本身。

# 秦奇案：帽子戏法花样多

这是一个系列案，中益惠才的总公司在沈阳，从事民间借贷居间服务，秦奇是大连分公司的总经理（记住这一点，后面还会讲到）。秦奇执行的是总公司的基本法（高大上），可是事无巨细，但凡营业部设立、管理架构、资金流向、人事，甚至办公场所租赁、租金支付等，都是总公司说了算，全是总公司直接决定。

秦奇在案子中，有个城市总经理的头衔。这就像一顶帽子，戴上它，市内四个区，中山、甘井子、沙河、西岗的营业部经理，名义上受秦的辖制。

但也仅仅是名义上。

在包括工资、奖金、提成的发放上，秦奇与其他营业部经理、员工一样，都是按总公司的薪酬和绩效考核方案来。每月收入，都是总公司统一发放至个人银行账户，秦奇不能决定这些人的收入——何止不能决定，秦奇也不能经手。

在发问一节，还专门设计了一个问题，就是问秦奇：大连分公司没有自己的财务人员？

当然，答案是没有（明知故问，问给法官听）。

在这部分的辩护意见里，分类列举的，还有出借协议、利率、各营业部资金走向，秦奇都没有决定权，分公司的资金是通过POS机直接流向总公司。

辩方观点是什么很重要，辩方观点以怎样的方式表达，才能让人信服，更加重要。

这部分的每一观点之下，我都附上对应的卷宗中的证据：有投资人程方圆、宋宁、于兵、王家悉等签订的投资协议，也有秦奇、李禾、郑仁等被告人的稳定供述。

光是陈述自己的观点力度当然是不够的。

我把卷宗材料里的信息，整理成公司设立与架构、资金吸纳与调配、出借协议与利率，三类之下，又有细目。

比如，为说明秦奇不接触资金，也无权调配资金，我提供了被告人陈述、另案人陈述、投资人银行流水共三类证据，一一找出对应的截图。

到这里，秦奇不是主犯的论述才告完毕。

其实，每个案子都是不同的，所以在这部分，无须留意复杂的名词，只需记住，秦奇就是戴了一顶总经理的帽子就好（我发现，这是暴雷潮中系列公司的共同点）。

但是回到1月6日的法庭，主从犯的问题是控辩对抗的焦点，对于焦点争议，必须有周密的应对。

我把案件证据截图和王宏伟等11个人的案例结合起来，用了18幅截图、6个脚注、4个类项，图文并茂、分门别类、不厌其烦（占辩护意见的1/3），从案例、法理、证据三个层面论述。

现在，从犯的问题说清楚了，但我觉得，还只是划定了一个圈，接下来，我要说明，在秦奇的量刑上，应该加一个限高杆。

限高杆，就是张大林、赵显。

## 限高杆：上峰下线应区别

张大林，是秦奇的上峰。赵显，是张大林的上峰。

侦查机关无一遗漏，把涉案人员的材料一一收入卷宗（另案人员是复印件），其中，张大林、赵显，是和秦奇直接相关的出借端的两个上级。赵显职位最高，是出借端总裁（真相由他揭穿）。

在侦查阶段，我和侦查人员当面沟通过，递交了法律意见，却不甚了了，但看到卷宗里的这段材料，就不能不感谢侦查人员的尽责。

关于案子里的细节，刘金叶在开头的三个月里，发了一批又一批的图片、文字，还有一个公司公众号，可查看总部的兑付动态。秦奇在会见时，也反复提到总公司后面兑付的细节。

但直到看过另案部分卷宗，我才有了天朗气清的感觉。

谁说侦查机关和辩护律师是冤家？

要知道，证据里的内容，是刘金叶、秦奇没有提及也无法提供的，但却是决定案件走向的关键。

关键，藏在人员的顺位中，也藏在对另案犯罪的评价中。前面是表，后面是里，表里互相依托。

沈阳总部的案子，共有9人，而张大林排名第6。

再说一遍：顺位，只是表面，里子，还要看对犯罪的认定。

在秦奇案的卷宗里，在一页页的笔录、协议、银行流水里，证据讲述了不同于起诉书的真相：

首先，是层级。

中益系公司，由高至低依次为总裁、副总裁、区域总监、城市经理、营业部总经理、营业部副总经理、团队经理、客户经理八个级别。

支撑这些判断的，是反复出现的公司基本法。

其次，是关系。

张大林是区域总监，下辖六个城市经理及一个直销营业部经理；而秦奇，是张大林下辖六个城市经理之一。

支撑这些判断的，是笔录。秦奇在笔录中说，张大林是他的上司，自己负责落实张大林的决策。张大林在笔录中说，秦奇直接归自己管。

再次，是张大林的顺位。

在附卷的沈公某（经）诉字（2020）第N号起诉意见书中,张大林在九人中排名第六!

最后，核心问题：案发原因是什么?

暴雷的发生，由沈阳总部实控人臧中全、财务总监陈乐、运营总监杨帆的失联引发。

划重点：失联人员，涉及实控人、财务、运营。

他们的出逃，倒逼着副总裁肖友带着出借端总裁赵显等一干人上公安局报案。

找到肖友案的起诉意见书，再找到张大林、赵显以及更多的总部高管的陈述，我发现，这是一起顶层个别人精心谋划后，中层和底层步步跟进，最终以作祟者出走引爆的"局"。

张大林说：我们做的是民间借贷居间服务，不是理财。项目是否真实我不知道，但我相信，我们的是最规范的。

赵显说：公司模式是借鉴别的公司模式设立的，具体应该（注意用词）是臧中全和人事部门确定的。

注意! 注意!

赵显还说，2014年到2018年，公司曾将约3000万元转到他的卡上，再由他转到赵大宇卡上，或提现金给臧中全。

所有转账，都是臧要求的。

很明显，赵显知道更多真相，虽然并非全部，但作为涉案出借端的最高层，他的说法表明，臧中全才是真正掏空总公司的罪魁。

从证明力看，赵显所讲，当然有待核实。但作为出借端总裁，他所说的没有相反证据证伪，也能实现逻辑自洽，而从其自动投案、主动寻求洗脱罪名看，赵显所讲真实。

也就是说，总公司成立4年多来，臧中全带着陈乐、杨帆攒了一个局。而圈内人，不包括赵显，当然更不包括张大林。

至于秦奇，更是大气层外的圈外人。

到此，真相大白。


## 辩护论：真相是怎样被发现的？

介入案子，本就是一个审查证据、发现法律真相的过程：从混沌未开到天明气清。在这个过程中，律师（司法官也一样），会看到不同的文字描述，听到不同的声音，这些各异的文字与声音，构成了纷繁复杂的不同版本。

事实真相无从考究，法律真相可以探究。探究的依据，就是证据。

起诉书会载明一个版本；家属和委托人会讲述一个版本。但委托人之所以需要律师辩护，就是既需要在纷繁冗杂的说辞中寻找出路，又要与表述错误的说辞做斗争。

斗争的依据，就是卷宗材料所讲述的——在那里，潜伏着正版真相。

反过来，真相只有一个，若每个人在一开始就握有一个终极版本的，那就无须争论了，又何必请律师呢？

每人都认为自己握有的，是正解，但只要没有吃透消化卷宗的，都是只鳞片爪，只是一管之见。

秦奇本人看不到证据材料。即使看到了，也不能做到系统分析、逻辑地表达。即使能分析表达，怎样持续互动，才能以深刻的印象给司法官，又是一个问题。

司法官当然可以看到证据材料。问题是，这个判断可以依据《起诉书》和《量刑建议书》作出，也可以依据卷宗材料作出。两者又往往有偏差，甚至有矛盾。

在杂乱纷繁的卷宗材料需要大段大段时间梳理、分析、消化时，往往会依靠《起诉书》作出裁决。

当然，中间也会选择凭经验去问一问、去看一看，或是加上会议中听助理、领导、同事那里说一嘴，也可能还会从上阶段流程那里听一耳朵。

但是，只要不是通过对卷宗的研阅得来的，就会存在偏差，甚至是巨大漏洞——而漏掉的，恰恰可能是关键而又关键的部分。比如，秦奇案中张大林与秦奇的关系；比如，张大林在另案中的排位。

相比起诉书记载的有罪叙事，家属委托人的讲述是苦主无罪罪轻叙事，也可能，在一些案件里还会混杂进"捐客画鬼"叙事（也是秦奇案里的一部分）。而正版，只有卷宗中一页页的材料，才是决定案件走向的指针。

秦奇的案子，从总部复印来的材料，呈现了更加波澜壮阔，也更真实的真相——顶层出逃后副总裁带人一起去警局报案。

这样的故事，秦奇是讲不出来的，因为他没有赵显的触角，也没有律师的视野。

好吧！到现在为止，回到案子，张大林的另案材料对秦奇有什么用？

两点：除了秦奇的量刑不应高于张大林，还能证明，秦奇不具备明知而为的明显犯罪故意。

量刑不应高于张大林，是量刑均衡的要求。秦奇没有明显的犯罪故意，是因为秦奇只是出借端（融资端）在大连的一个融资管道。

没有犯罪故意，其实按常识就能判断：我的上级，我的上级的上级都不知晓的内情，我当然更不可能知道！

量刑均衡，是刑法适用平等原则的要求。当时，我们还查到梁法官2018年审过的一个同类案，这一点就不细说了。但正是量刑均衡，让案子持续了一年有余，直到14个月后再宣判。

## 蛮拧巴：犯罪故意到底有没有？

张大林的另案细节，固然揭开了幕后真相，但也让叙述不再顺畅，相反，变得很拧。

稍有法律常识的观者都会问：既然连秦奇的上级都不知道公司的违法，那秦奇更不可能知道，那他就是没有犯罪故意，为什么又说秦奇应该轻判？

前面说过，秦奇早在侦查阶段就已认罪认罚，目的……无非是争取轻判。

拧巴的路，没有走到底，最终变回了无罪辩护。

那是2023年3月1日，在最后一次见完秦奇离开大连前，按秦奇的意见，起草了彻底无罪的上诉状。但无罪的观点，也是一年前开庭时已经铺垫好的。

支持秦奇没有犯罪故意的证据，除了张大林的另案部分证据，至少，还有三方面证据。

一是秦奇和家人都有大额投资；二是中益系列公司的长

年正常经营，使秦奇识别其违法有相当的困难（不具备违法性认识的可能性）；三是秦奇不存在逃避监管的行为。

秦奇家人有投资，是刘金叶在开始找到我时就反复谈的问题。但反映起来，也有点拧巴，拧巴之处就是，案子里有一个挂名小号的情况。

挂名小号，就是自己出借钱款，却写上媳妇、妈妈或妹妹的名字。之所以这样，是为了拿提成，也就是要最大限度利用公司内部规则，尽可能地提走亲人名下的收益（公司有规定员工不能投），防止肥水流到外人那里去（可以想见，这也导致案子的受害人数远远少于鉴定出的人数）。

现实中，为发展业务，挂名小号会扩大化。比如，为鼓励或帮扶公司的"困难户"，经理出资却写在相熟的业务员名下，因为熟，提成仍由自己得。这样不影响收入，还帮业务员保住了业绩，甚至保住了饭碗。

当然，这里也会嵌套进业务员的七大姑八大姨，让情况变得异常复杂，主要的复杂是，一个人的投资，从证据会变成N个。

在公司未爆雷时，都是人之常情，都能心照不宣，可一旦案发，你要说谁谁谁的名下都是自己的投资，会说不清。

这里的说不清，严格讲，是在辩护时会缺乏证据。

投资已然无法收回了，即使熟人也往往反目，就算没有反目，之前的稳定关系与信任也已荡然无存，人人自危，疑窦丛生，为了反对而反对，或者从自己理解的角度力求自保，凡事就是不认账。

但纵使如此，我仍在证据里发现了几处财务信息：一处是刘金叶的证言，一处是刘金叶投资的财务记录，一处是秦奇的供述，还有一处是秦奇的投资登记信息。

秦奇在供述中讲，自己共投资60多万元。刘金叶在证言中说，秦奇曾借用自己名义投资（挂名小号）。投资返还财务信息表记载，秦奇曾有一笔26万元的投资。同样在公司财务登记流水中，有记录显示刘金叶名下曾有一笔20万元的投资。

这些证据碎片拼接起来，就是：秦奇的60余万元投资=26万元秦奇（财务记录）+20万元刘金叶（刘证言与财务登记流水相互印证）+……

显然，还有资金缺口。

书证与证人证言、被告人笔录，不能严丝合缝（证据缺失较常见）。但是，此四项证据和刘金叶一开始给我的秦奇妈妈的一份5万元投资协议加起来（家属提供的辩方证据，非卷宗材料，后来彩打作为辩护意见附件），使60万元多的缺口得到部分弥合。

经过权衡利弊，我把这四份证据和秦奇妈妈的投资协议，一起提交给法庭。这样的做法，让法庭在对犯罪所得的认定上作出了一些让渡——事涉违法所得计算较少＋罚金仅区区8万元＋没有就被害人损失向秦奇继续追缴。

用证据说话，在刑事辩护中总能悄悄地得到奖赏。

当然，这是后话，现在的重点是秦奇和家人的大额投资，可以佐证秦奇当时入戏太深，根本没有犯罪的故意。

中益系列公司的长年经营，说的是一个稍专业的问题：违法性认识可能性。

对法律规定的认识错误，不能成为主观上没有犯罪故意的阻却事由（不知法者不免责），但是，如果连这个认识的可能性都没有，则不应当认为有犯罪故意。

秦奇的案子，按普通人的理解就是：

"公司好好地经营存续了这么多年，新店不停地开张招人，工商局登记、税务局纳税、金融办正常批文，活动都在你们的眼皮子底下，大张旗鼓地慰问……动静大了去了！

"你现在告诉我：那是犯罪！可我一普通老百姓，行政部门都认可的事情，我当年哪儿知道它就是犯罪呀？"

违法性认识可能性，既重要又不太容易说明白，所以，在开完庭的第二天，我还专门写了一份补充意见，递交给法官。后面，还要具体讲——也可能不讲，先能消化多少算多少。

逃避监管行为，是司法解释里界定主观犯罪故意的一个推定条款，辩护中这么一说，正好衬托出秦奇案发后主动配合金融办和公安人员，对法官能形成一个提示作用。

从犯、量刑均衡、主观故意，到这里都说完了。

嚯！一口气说到这儿了！可问题还没说透……

非法性、公开性、利诱性、社会性，非吸的这四个特征，还没涉及呢！秦奇，明显地不完全符合（表述上仍很拧，仍先忽略）。

非法性，公诉人指控"涉案公司没有经过金融监管部门批准……"，但是，涉案公司是民间借贷居间方，没有劳什子的金融许可需要。

用秦奇开庭时的一句话，就是："我上哪儿申请去呀？（难得梗着脖子的一句）"

好吧！现在，就剩下公开性、利诱性、社会性了……

但是，接下来还要讲吗？

休息一下喽！我换换脑子，观者诸君也歇息歇息。

毕竟，法庭上话不说透是不能休息的，但现在，要说与观者诸君的，重点已说完，由已知推未知，未说部分已经了然。

# 刘金叶：隐忍知性的女人

刘金叶，秦奇的妻子，女强人一个。早于委托前就电话联系到我，也在前面案件的叙述中不时乱入。不妨让她出场，也让我们从另一个角度，打开这个案子。

案子总让人紧张，无论是开庭，还是会见。而和家属的相处，更多的体会是忧心中的温情。这温情，让人紧绷的神经轻松。

世界在我们眼里，其实是不同颜色的。

世界于我，彼时是五彩画卷中穿梭。于秦奇，无非是黑色枷锁。而于刘金叶，则是杂灰的慌乱。

1月6日的庭审，早上九点开始，下午四点多就结束了。那一日的庭审，很平静。如果说，平静之外，还有什么特别，就是这案子办得，堪称火箭速度——提起公诉的时间就在一个月前。

从8月25日抓人算，才过了4个月，就走完了侦查、审查起诉阶段，眼看着审判呼啸而至，似乎判决就要下了——这是最让刘金叶紧张的。

开庭前，刘金叶就在电话里问："会不会春节前就判决了？"

刘金叶是中文系毕业的高材生，又是心理咨询师，说话更带着东北人的嘎嘣脆劲。她很担心，会胡乱把案子结了。在开始委托时，她就表达自己的不解：

"中益惠才在沙河口分公司的营业部经理，前一年11月份抓，第二年5月份就判了，说是要'快侦快审快判'。"这担忧是刘金叶决心找专业律师的一个原因。

虽然，秦奇的案子是在开庭13个月后才宣判的，但那时刘金叶的忧心，犹在眼前。她抱怨说：那次开庭的时候，听人家说，都不让律师讲话。

那是我和刘金叶第一次见面，地点在她家附近的一家希尔顿酒店。

"听人家说""不让律师说话"，深深地刺痛了我。

刘金叶说，秦奇父母年纪大了，70多岁的人了，这个P2P业务，老人家也不理解，所以请律师的事还没和他们说。

"省得人多主意多"是她快刀斩乱麻的考虑。

刘金叶说完了，我一点点地回答她：

"专业的案子，律师需要提供有质量的意见。

"就我自己从东北到华北到华南广东广西，以及华中湖北、华东江苏江西的办案经验，律师足够专业，就案件证据、案例、法律发表意见，不存在不让律师说话的情况……"

我突然觉得，刘金叶有多忧心，秦奇对她便有多重要。

刘金叶说过,自己和秦奇,都是凭实力从吉林来到大连打拼的。现在,秦奇就是她的全部。

秦奇是见过大场面的。他当众亮相的照片,笑意盈面、光彩照人、精神奕奕,总是出现在人群中最耀眼的C位。

在最早见面时,刘金叶给我的证据材料里,给交警捐赠物品的合影、组团慰问孤寡老人和环卫工人的留影,打开之前公司的宣传册子,秦奇风光无两的样子直刷刷地直往人眼睛里扎。

但开庭那天,他却是一副懒洋洋的样子。话也懒得说,即使说,也是有气无力的。

现在想来,秦奇的心情是绝望的。他和刘金叶仿佛存在于两个世界。

## 生分歧:直视人心大难来

记得2021年10月初的一次会见,秦奇反复交代,让我要把一句话带给妻子:"开庭就是一个过场!你让我老婆记住,开庭,就是走一个过场!一切都靠台下交易!"

会见完,我把原话转告刘金叶,不想刘金叶听了直撇嘴:"记得我之前和您说,多注意他的状态,看看他的状态还好不?"

我说："好！一看就是很醒目、很有气场呀。"

刘金叶说："我担心他是不是关在里面关傻了！之前八竿子都打不着的人，知道他出事，都跑过来，说东说西。但说来说去，最终都要归结到钱上。不出钱，谁给你办事？咋办事？

"他出事前找的那些人，年节送礼都没落下过，大箱小袋地送，这次出事后去问，只说很轻，判个几年也就出来了呵！也不用找律师了。说得别人的事都不是事儿似的，说得那么轻松，就知道以前也是给骗了，我最看不惯他们这种嘴脸。

"秦奇倒好，都栽里头了，都这种时候了，还信这些人，我是找不来人了，要找，就是继续踩坑。又会弄你去找曲里拐弯的没名堂的人，能办成个啥？又道不出个子丑寅卯，我算是看明白了。"

刘金叶不愧是中文系毕业的，用语准确，讲理透彻，三句两句，把托人找关系的折子，一下子倒腾清楚了。

我记得那次面谈，是在老虎滩的一家餐厅的午饭时间。邻着望街的落地玻璃。窗外，是低矮的绿篱，不时有空空的大巴疾驶而过，更远处，是高大雕塑下空空的广场。

两人坐了挺久。刘金叶具体讲到案子前后出现的人，也都是生活中的几个人，有名有姓，有年龄有职位，有交往有细节，太多的记不清了，记得清楚的是她的感慨："我宁愿把钱花在明处，就请专业律师，有用，我不吃亏。没用，我也认。也比他们这些人虚头巴脑来得实在。"

夫妻二人的态度势同水火，在我的当事人里还没有过。

当然，刘金叶并非心疼钱。能全国海选律师的，不可能小气。

带着我去傅家庄海滩公园，带着我上修理厂整修秦奇留下的车子，带着我去会见秦奇，带着我和她的闺密午餐，去甘井子机场接送我来回市区，看着她和争车位的大爷开怼，看着她指着家里的物什介绍秦奇的过往，看着她给我搬动整箱的冰镇海鲜，看着她努着嘴感慨大连的变迁，掠过闹市大街与走进小巷馆子的过往，镜头一般闪烁着明亮的彩色与陌生的喜悦。

在我眼里，刘金叶率真、知性、洒脱，这次，她以清醒抗拒人情的冷漠与遇事敷衍。

我劝刘金叶说：秦奇当然不是关傻了。但是，久在羁押场所，轮番受到"过来人""大哥"的洗脑、点拨，和之前的社会经验叠加起来，就会相信"走过场"的说法。

虽说是我开导她，但我也很快理解了刘金叶的不易。一个外地来大连的女人，纵有金银万千，也扛不过人世巨变中的陌生曲折，耗不过人前面后的虚情假意，但有一点：已经撞了南墙，她心意已决，不愿再往虚空里掷抛生命。

我相信，也就在那次开庭前，也就是因为刘金叶没有找人，秦奇便已经接受了来作一只待宰羔羊的命运，还没开始，就蔫了。

刘金叶，把所有的注都押在律师这里，最终也没有找什么人。而这也正是秦奇开庭时，打不起精神的原因。

后来，事实证明，开庭并非走过场。

6日的开庭，经历过发问，秦奇逐渐适应了肃穆的庭审，也可能受到了我的启发，在质证阶段声音开始高亢，直到下午4点多庭审结束，我发现秦总能表达完整，准备也是最充分的。

因为秦奇认罪认罚了，我的从轻辩护，重点讲了量刑平衡、类案同判（从犯）、资金流向、量刑建议过重四个方面。

法官对我的发言，没有制止，没有打断，也没有什么提醒。直到下午4点多结束，一颗悬着的心终于落地。

可惜！那天刘金叶出差外地，未能旁听，未能见证这场"让律师说话"的辩护。

# 回望处：无尽苍凉下山路

1月6日16：45，离开法院时，才感到刺骨的冷，不由再回望一眼曾鏖战其中的建筑。

从敞亮洁净的大堂走过，随着厚厚格子的木门在身后合上，大块大块玻璃分隔开不同功能区的一楼和自己瞬时隔绝。

站在门外回头，眼前是一座堡垒。浅黄的柱石与条石以深色玻璃窗子相间，御寒设计更让其显得厚重而略带神秘。

巨大的圆形广场，外周被巨型建筑环绕。许多个晦明变幻的黎明与深夜，走过巍峨又散发着异域风情的群山般建筑，可以看出，这里都是金融机构。

相比广场，法院楼显得老旧，电线从门楣上边绕过来，往来折返缠住整栋楼。隔路相望的对面，是法院的诉讼服务区大门。两边门前的车辆，永远停得满满当当。一水儿集中的法院车外，并排多辆中型面包车，间以一部两部小货车，车来人往。从法院门前通行，就只剩下仅容两车相向而过的窄窄过道。

这是一处本来宽敞的丁字路。两两对门的法院楼正好在下竖部，往左或往右走出来，登时坠入活跃的市井人间。烤鸡店、骱骨头店、水果店、打印店、便利店、大大小小的饭店、医院，挤挤挨挨，店面稍疏的路边，上下班时，有打开车尾厢板卖货的小摊贩。人行道上，卖红薯、烤玉米的大叔占据了人流旺盛的路头街口。好一派人间繁华。

十米之内，可满足人的全部生活所需。

然而，他们都不出售秦奇的所需：自由。

好几次，我打量法院大楼。因为我住的酒店就在5米开外，并排的廊柱门走进即是。但那天下午的那一刻，和八个小时前的上午，站在拥挤人群间排队等候相比，已经完全不同了，怀着放松的心态，我徐徐舒了一口气。

那天早上，站在人来人往的法院大门口等候中，一遍遍想起的，是刘金叶的不解、秦奇的猜疑，心头不禁一阵阵发紧：刘金叶的担心，会不会在自己身上重演？半年前的承诺，这么快，就要降临到自己了，到底能不能在这次全新的舞台上，明明白白说清秦奇在案子里的问题呢？

那是一个真正的冬天！对于远道而来的我，更是如此。

离春节不远了，突然接到法院的开庭通知，赶紧提前两天，在1月4日晚到了大连。走出机场的一刻，没有晚点，但对律师来说，所有顺畅都是前奏，我知道，法庭才是主场。

1月5日，整整一天的紧张备战，把开庭的核心三件套打印出来：发问提纲、质证意见、辩护意见，对照着电子卷宗轮番过了几遍。一天里，除去吃饭，就是重温这些半年里形成的文字。

从半年前的接机送机、家宴、海鲜礼，到后来，刘金叶每次都在出差。短短半年，感觉不只变幻了季节。案子远未结，心情或已移。刑案带来情变，就像次生灾害，我不止一次地经历过。这次，我能体会到些什么，我又能知道什么呢？——做好辩护才是最大的帮助。

# 会见行：美丽大城忙穿梭

大连是一座美丽的海滨城，忙于办案，压根儿没工夫欣赏。但身处其中，即使惊鸿一瞥，也足以永留心底。

有一回，是在开庭前备战的路上，抬头间，猛地看见，天空有一云柱，极粗壮的一条，横在半空，一动不动，像是冻僵了。

这是南方不曾见过的景象，以前在西北老家，也不曾见过。似乎是水汽结住了，却没有变成冰雪掉下来。

紧张备战途中的匆匆一瞥，留下了神迹般的记忆。

这团云，多少有点像秦奇的案子，因为这个案子后来也僵住了。

整个2022年，1月开庭后便没了动静。这一年的3月，本来预约到一次会见，但到了现场，突生变故，会见陡然搁浅。直到2023年2月底，再来会见秦奇，这时，案子已抵终点。主要张罗上诉的事儿，严格说，与辩护无关了。

来回8趟，审判前成功的会见只有2次（还有2次，是2023年2月末来处理上诉事宜的那回）。会见不易。但我不敢闲着，大老远来了，要把时间拿来琢磨案子，往来穿梭，深度见证了这座特大城市的繁华。

一次，收拾了电脑，在黄昏的陌生街道走去饭店。突然，迎面驶来明晃晃的大车。定睛看，有轨电车！透着亮的车窗、橘黄的车厢和乳白桃红相间的车身，叮叮当当地响着，正好停在对面马路，满身珠光宝气，宝蓝的天空下，让我恍如闯入未经彩排的游乐园。

2008年，曾参加公安局组织的大连考察，有轨电车是当时的考察点，不想于这个日落时分，在路上再度邂逅。想起来，那是在胜利广场附近吧？

更多的日出时分，迎着扑面的微风，沿中山路步行，会经过人民广场。

10月初，碧绿的、水红的、大红的花儿、青草，从身边一直延伸到几千米开外的城堡群。我惊讶这方正的广场边，远远的城堡像是石头筑成。有墨绿的，有浅黄的，有尖顶的，有格子栅的，卫兵一般伫在视线尽头。驻足广场，极目远望，天有多大，地就有多宽，天蓝蓝，云儿飞，心情登时也无比轻盈。

一年多里，开始住在解放路的欢朋希尔顿，那里近秦奇家。后面搬到近法院的青泥洼桥附近，再后来，就直接住到法院的隔壁酒店了。最艰苦的材料写作，主要在青泥洼桥附近完成。

常常是整天地蹲咖啡馆，一杯又一杯地灌黑咖啡。到了夜里十点，才抬脚往酒店赶。路上的巨型建筑，一个挨一个，走了三五里也走不出巨人阵。似乎是随意地摆放在友好路和解放路上，造型别致、布局疏朗，风格各异，却都透着时尚明快的格调。行走其中，仰面尽见高企及天的米黄、青灰，与整栋楼皆发光的幕墙相间，空隙处，夜幕下，每格玻璃都透射了亮白，让整栋大厦光焰无边，托起大城五彩的夜空。夜风中，孤身赶路，想起一天的收获，感觉像是行走在夜大连的海浪中，一条快乐的闪光的鱼儿。

2021年9月底，交意见给检察官、申请检察官当面听取意见外，每次和家属碰面，只要时间允许，我都喜欢走，一路上，既酝酿案子，又锻炼腿脚。

出差在外，有经验加持，多为顺遂，不时地，也会有所阻滞。

"为什么检察官会认为秦奇是主犯？""为什么这么快要提

起公诉？""为什么检察官对我的意见反应如此激烈？"……

行走途中，俯仰之间，视线所及，一棵树、一栋民宅、一处灯火，一部疾驶而过的公交车，在我眼里，都透射着不可思议摄人魂魄的魅力，都能推动我的思索，促进事情的积极应对。

站在看守所门口等开门，抑或在候机楼等开门。大门里外、窗边室内，一景一物，都能在我心中投射出无穷乐趣，都能唤起我对案子的某种勾连。虽然那时，尚不知案子会有怎样的结果，但得到结果后回想，每一处经历，点滴片刻都变得美好无比。

美景于游客，激发的是对生活的热爱，而于我，一个刑辩人，更多的是辩护路径的思索与方法的提升。这提升，自然偶遇恰是最美，不需要特意安排。

9月24日，提交不批捕意见给检察官那回。我记得检察官大感意外，提醒说秦奇是已经认罪认罚了。收下意见后匆匆开会去了。

刘金叶就在旁边等，见我这么快出来，就载我上了傅家庄公园。这是一处海滩。车停好了，还特意给我在入口的大海螺下留影一张。面朝大海，一边是阴云下苍茫的海面，另一边远远的山崖下有人在走动。

两人抬脚往右刚走了两步，电话响，是检察官！

原来，她发现了我交的当面听取意见申请，有根有据，于是专门喊我回去再谈谈。

我和刘金叶又赶紧回检察院。

## 涅槃者：偏见、执拗、迷茫、清醒

秦奇，是一头愤怒的狮子。

第一次会见在2021年9月23日，我奇怪他居然戴着黑色的头套，而坐下来扯下那黑布的瞬间，他开始了疯狂的输出：找人。

我准备了满满几大页的问题，他倒也没忽视，一一作了回答，我则一一记录。

秦奇，是一只迷惑的羔羊。

第二次会见在10月8日。有了前一次的见面，刘金叶这次让我带话，列举了外面的艰难，告诉水鬼等三个人都没用。秦奇似乎知难想退，却又不甘心，说：再问问其他人吧。

其他人是谁？他没说，我就更不知道了，估计刘金叶也不知道，因为，"再问问其他人"，到最后，就变成"没问任何人"。

我总有种感觉，秦奇似乎有所顾忌。这倒不是说，他话讲得不爽利，但有些隔膜，明明是带话给妻子，却要打比方，重要的话，要给我重复三遍。但具体是什么原因，也没闹明白。

"我需要的律师，不是偶像剧的表演，而是可以一个电话打给×××，他的规划，能说上话，能被认同。"

偶像剧？想起来，我一把年纪了还成为偶像，值得高兴。但回头想想：这句话，真是这个笼中人自己的原生意思吗？

但这样一句简单的话，要重复三次，还叮咛一定带给刘金叶。我相信，他对刘金叶的"找关系很难"的叙述已经选择性失聪，也瞬间体会到刘金叶"他是不是魔怔了"的疑惑。

那次见过后，刘金叶又找当地的小刘律师去会见，后来，也把会见的内容发给了我。2300多字，电脑上打的，字斟句酌，情深意切。

刘金叶的回信，也打了个比方，解释她为什么要请律师："……你给我带话，要把这个案子当成一个绑票来处理。我也举一个例子，你现在要走一条长长的摇摇晃晃的独木桥。刚开始的一段，你感觉还有扶手，但再往下走，时间长了扶手可能给腐蚀掉了，断掉了，一段一段的接不上去。我再找个律师，就是给你系一条保险绳。保险绳是牌子货，也有成功经验，是保证你安全的，不会有什么妨碍。"

端的案子有后来的结果，不然，被当成牌子货的，也怕要成了冒牌货。

一来二去，夫妻二人在上演隔空斗法。

为什么会这样？

刘金叶跟我讲过，秦奇家人里面，公检法律师的都有（这是秦奇认为必然能找到人的原因？），秦奇本人就是这个圈子里长大的大院子弟。

然而，自以为还是"圈内人"，现在，别人的眼中，已妥妥地是犯罪嫌疑人、被告人。沾染上了不光彩自不必说，在"有心人"眼里，还成了"生意"。这也是刘金叶抱怨，自己和秦奇之前被坑被骗的原因。

但毕竟，秦奇就是秦奇，在短短的三个月里，他完成了涅槃。1月6日开庭，在法官问到是否同意我作为他辩护人时，回答"同意"。加上宣判后"你很专业"的评价，足见他的真本色：缜密。

秦奇，是一头缜密的老虎。

秦奇的高光时刻，在法庭发问的后半段，无论之前多么愤怒，或陷入迷茫，秦奇对于陌生的法庭，保持了敬意，在适应了庭审的氛围后，开始发力。

我的发问，共5点24个问题，都是半年来一一精选出来的：

——你多长时间去一趟三、四分公司（瓦房店、普兰店）？你在笔录上说，行政上他们归你管，具体是管什么？

无须秦奇回答，我早就知道，秦奇并不管区的分公司，半年也不会去一次，他们有事，都是直接找上面总公司的——这里，我的发问是为了提醒法庭：秦奇不具备对下级指控、操纵、管理的权力。

——起诉书指控，大连分公司发展的出借人，有5101人，是否准确？你供述讲，参加的有800多，为什么有这么大的差距？

其实，这里就是挂名小号的问题。要说明的是即使人数较多，也有悖基本事实，存在被错误计算且无法精确的问题——也就是社会性问题一个真实的侧面。

——根据审计报告，你太太投资25万元，是否属实？

这里，说的是犯罪故意的问题，没有人明知是犯罪，还放任近亲属巨额投资。

——你和配偶，有没有帮投资人垫支损失款？大约多少？为什么要这样做？

……

秦奇——这个绝地觉醒的"总经理"，或许，在不为人知的某个时刻，经历了自舔伤口的独狼时刻、脑内革命的豹变时刻，他发问十分钟后，悟到了这个环节的作用。

在我问到"大连分公司有没有领取相关金融牌照"时，他朗声作答，发出了庭上仅有的男高音：

"我们是居间服务公司，上哪儿领金融许可去？"

我相信现场的诸位，都听到了这个声音。

秦奇是清醒的。历经半年的羁押，愤怒、迷茫、失败、困惑、纠结、痛苦，终于明白能依靠的只有自己，也终于在一众沉默迷茫的被告人中起而发声。

他更坚决的声音，发生在14个月后，发生在我又在看守所见到他的时候：

"不管怎么判，我要告诉伙伴，我不是犯罪，我没有骗他们！我的案子和他们的案子，在本质上有区别。"

秦奇的表达，显得粗砺，我早代他拟了一份无罪上诉状，就在3月1日最后一次会见之前，供他参考。

对本文前面没有展开的公开性、利诱性、社会性三个特征，上诉状是这样叙述的：

"大连分公司每次开会，都是总公司派人，或总部通过视频会议给投资人讲课。大连分公司，或我本人，都不存在公开宣传的行为。

"投资项目是总公司出台的。我们都是按总公司提供的投资合同来做。投资人签的协议都是总公司起草和制定的，提成多少，也都是总公司定的。大连分公司，或我本人，不存在利诱客户的行为。

"大连分公司的客户人数认定，自相矛盾。审计报告中，认定的人数是4922人，《起诉意见书》所指5101人。我的供述是800多人。实际上，大连分公司存在大量挂名小号，也就是以亲属名义出资，实际钱款由自己支付。这样的客观情况，决定了参与人员，绝大部分是关系非常紧密的亲友关系，除此之外，就是大连分公司的员工，根本不符合刑法所要求的社会性特征。"

至此，案子和专业上的点，都已讲完。

讲完了？

刑事辩护，从来面对的就不是案子。

## 第N面：遇见真实的自己或不再见

回首往事，仿佛在大海清波中飘荡。第N面，或不相见。世界，本就是我们游弋其中的海洋，人人手捧最心爱的珍宝。

3月1日会见的那次，团队的斯龙从韩国回来，也来到大连。和他的同学木兰一起，我们游历了老虎滩。从老虎滩，打车到星海广场。居然经过金沙滩、傅家庄公园。无数记忆一时间复活，我发现：这青春美丽的老虎滩，并不是我一年前曾经见过的老虎滩，和15年前熙熙攘攘、人头攒动的海滩也大相径庭。

我们飘过此地，此地已成彼地。

亲情的关怀、家属的信赖、呼啸的司法列车碾轧至眼前，至暗时刻的急迫与挣扎……光明的结果，这个案子让人魂牵梦绕。

没有詹小美案中的慷慨激昂，没有梁山案基于案情的循循引导，没有情理辩后史美兰的清泪交流。波澜不惊，其实是很多案子的真实。

真正的刑事辩护需要的就是在别人都认为案件无药可救已成定局的时候，施以援手，倾力一击间，改变定局。

人生，从来没有关键时刻的预言，人生大戏拒绝剧透。

刻骨信任，是更难让人卸下的精神负累，相比辛苦，我更害怕无能。那是比死亡还让人挫败的评价。我不知，怎样能从其中走出。

脑海里，两个小人在打架。

一个说：记下来吧！那些很重要的案子。

另一个说：没什么特别的，怎么会有人感兴趣呢？

一个反驳：没有一模一样的两个案子，每个案子都是特别的，都是值得纪念的。

另一个说：写哪个？说说。

一个答：大连呵，秦奇的案子。

问：又不是无罪的结果！不过是轻判了。别人谁会在乎这个半拉子的成功？

答：被羁押者，多关押一天，都是煎熬，何况秦总比最低量刑建议轻了3年，只是最高量刑建议的一半。

问：毕竟，有许多视角的空白，比如……

答：不要强求自己，有全能的视角。

好吧！施展毕生所学，周旋于刑事案件的每一间隙。于彼此相遇的碧海清波中，解脱他人于生命的旋涡。

于是，我选择记下来。只有在这里，我和自己，日日相见，一天N多面。

后记

# 我为什么要写一些
# 奇奇怪怪的文字？

一是防伪的需要。二是文学梦的驱动。

不少接触到我文字的读者，会惊讶："律师的文章还可以这样写！"不耐烦的则是："你一个律师，啰啰唆唆写那么多有谁看呀？"

其实，刚入行的时候，我写的都是短文。

短文章的主体，如裁判要旨、不起诉意见汇总，或罪名概述、司法解释汇编，我都写过。

但此类文章的缺点，是缺乏个性，也容易被盗用。

更要命的缺点，是会误导人。

做律师久了，我发现，自以为干货的文章，其实在实务中存在变数。现实之缤纷多姿、刑事辩护之震撼人心与复杂曲折，非短文所能囊括。

无罪是刑事辩护皇冠上的明珠。但其方法论，也并非法条+案例罗列那么简单。至于无罪怎样取得，翻遍业内文章、著作，或春秋笔法，或闪烁其词，字里行间总透着一股子难琢磨。当然，这里要排除有意而为，因不排除碎片化表达或力有不逮的可能。

这样，把办案札记与方法论结合起来，就萌生了写长文的心思。

但是长归长，我给自己定了几条规矩：

1. 人物要活起来，不能停留在一串姓名籍贯的符号。

2. 立体、生动地再现辩护过程，不能是标签化的"正义手撕邪恶"。

3. 专业案子，要让识字的人都能看得懂。

有文学梦的人，最大的梦想就是出书。我又是个完美主义者，每想到这是自己写的第一本书，既兴奋又紧张，以至于不知如何下笔。尤其因办案时间冲突，交稿一拖再拖。

我要感谢中国法治出版社的张僚，看到文字后主动联系我，又鼓励我"写出自己的风格""不要太在意时间"。

于是我放松心情，立志要写好一点。

无辜者的奋力抗争、失足者的迷离目光、嫌犯家属的痛苦眼泪、法治守望者的从谏如流、刑辩人百转千回不懈努力的焦虑思索……日夜不休萦绕心头。我希望都能竭力以文字还原。我也希望，于法学院毕业生、文学青年、初踏社会创业者、法治进步的观察者，都能从中获得对社会、职场、婚恋、法治的别样启示与教益。

为了这个想法，我买了《毛泽东选集（第一卷）》《毛泽东文集（第八卷）》等书，也买了《百年孤独》《老人与海》《鼠疫》《瓦尔登湖》等书，还不时翻看《红高粱家族》。

我认为，刑辩如战场，而如何面对和理解，需要全盘思考。辩护律师的对手，其实就是人心，因此需要心灵的澄净。刑案旋涡中的人，其心境变化与精神冲击，与魔幻文学也不期而遇。

我也购买了一些片源，找来新老电影看。

我认为，还原一段过山车式的生命剧变，需要文学、音乐、影视、艺术、美术等表现手法的集体参与，必须从多种文艺表现手法中汲取营养。

就这样，光最后两篇就花了8个月时间。整书从2020年开始，共耗时三年。

这些时间熬得值。

在这些时光里，我雕刻文字，文字也雕刻了我。

作为一个本科社会学的毕业生，跨学科于我，就是能从"外面人"的角度审视律师行业，而行业的新鲜感，也总能激起我记录的热情。入行六年，数十起不起诉、不批捕等成功案例，则是我提笔的驱动力。

剧烈冲击下之人性刻画，生存巨变时刻的心灵特写，刑辩现场的白描还原，以及蒙太奇式往事回忆……或许再过十年，没有了对行业的新鲜感，也就不会有这些文字。又或许，早入行十年，没有深厚阅历带来的透视感，同样不会有这些文字了。

我也是一个从警十六年转行来的律师。

有着类似经历的同行，经常私信我：某某案子，怎么做到的？你是怎样走出来的？

律师界海纳百川，是承接不同行业精英最多的职业，这类问题很有代表性。

刑事辩护，其实于我也是散发着神秘气息的领域。隔行如隔山。金融犯罪辩护，更是独具专业与技术密集的一个门类。在我选择"入窄门"后，也经历了"在战争中学习战争"的过程。我认为，学、思、悟，是成功刑事辩护的重要途径——向前辈学习执业的规范，思考职业规范中的道理，参悟化解问题的解决路径。

悟，是挺难的一关，也是我想要呈现的。

相比技巧方法的运用，用心去体悟，践行心灵辩护，着力破心结，方能有成效。

"盲修千钧大棒打苍蝇"。所以，就出现了现实中会看到听到的各种声音，如对冤的愤愤不平，如对自认为不公的斥责。

与其抱怨，不如先反躬自问：我适合这个职业吗？我有哪些需改进处？我的方法论体系有哪些缺失？

我同意一个说法：不是所有人都适合刑事辩护。事实上，在不少国家，诉讼律师和非诉律师有着严格的区分。

刑辩律师，需要有正确的苦乐观、矛盾观、实践观。从事刑事辩护，其实也需要科学的职业规划。

刑事辩护，需要调集知识、阅历、方法去打磨，需要以底气、能力、技巧开启人心。无论是公权力方，还是委托人方，都需要用你的一整套方法论去开启。

正所谓世上没有完全相同的两片树叶，也没有完全相同的两个案子。就像怀揣几大串钥匙始终行走江湖的锁匠，才能处理不同客户突如其来的请求。同样地，坚持刑辩思考和一线办案，才能处理委托人情况各异的案子。

每一个案子都是具体又有区别的，拿着一个答案试图去解决所有问题，是懒汉思想。同样，用头痛医头、脚痛医脚的方法，也是不能真正地解决刑事案件辩护的真正难题的。这就像治标不治本的医生，虽然看起来是对症下药的，但并不能真正解决病人的病痛，导致老毛病总复发。

这些道理想不清楚，律师就不好做。

我始终认为，辩护，并非名词，而是动词。刑事辩护，本就是一个动态全息的过程。"静若处子，动若脱兔"，应是刑事律师的行为特征。

这些客观状况，决定了新入行者需要一段时间的沉淀。三年、五年、十年……随着年岁的增长，精力又开始下降。

这样，不同的律师都需匹配不同的案子，需要加入或组建团队。

案子有大有小，刚入行，适宜在资深律师指导下办理，即使是跨行而来，因隔行如隔山，也需扎好马步。

需注意的是，律师是靠给人解决问题吃饭的，尽责的律师，一定要"有所为，有所不为"。不能绿豆芝麻都不舍得放手。

近年来，我每年接案，都控制在八起至十起。多了，怕耽误别人的事；少了，脑子太闲会生锈。

也正是基于以上考虑，我从2017年专注类罪辩护开始，组建了刑匠精品辩护团队。凭借实战中习得的方法，凭借草根样的生命力，也成就了一些成功辩例。这一名号，连同关联词汇，成了刑辩界的新锐IP。

再说说写作。

有学者说：法学的训练在于写作和案例研究。刑事律师更是这样，这也是信息化时代专业律师提升自我的重要路径。

"要有光，于是有了光"。对律师来说，是懒人思维。光，不是别人赐予的，不是靠乞求得来的，不是银瓶乍破水浆迸靠运气撞上的，不是大象进了瓷器店一通踩踢打出来的。它是通过对技巧、方法、经验、逻辑法则的熟悉、掌握、运用，通过对特定案件的分析，按照既定程序或争取或斗争得来的。而这些都离不开写作。

当然，刑辩之方法、技能、作为，在不少人眼里，是不足为外人道的，万不愿写给他人看。

我们不这样看。

写作与思考，是专业律师工作的一体两面。

经验、成绩、责任感，能更好地诠释一个律师的修为。而将自己一路行来的所知、所思、所悟、所感，一一倾诸笔端，本身就是回顾、总结、提升，也可以训练思维、交结同好。

往大了说，刑辩还需要祛魅化，而只有刑事司法更透明，法治才会更昌明。记录，从来都是我们团队非常重要的工作，也应是真正刑辩律师的共识。

不负激情燃烧每一刻的灵感冲击，不负亲身实战每一案真正问题的偶得，始终是我对自己行文的要求。

回头看，那些在当时看似没有回报的文字，已经成为多年来不辍笔耕助力实战的结晶，对热爱刑辩者，也是参考。

总体来说，不断学习才能提升修为，立足实战方能助力法治，精进技艺需要始终恪守以专业给人自由。潜心研究思考的心气与毅力，在于对人性的体察、对生活阅历的跨界应用和成功经验的不断提炼。当专业、尽责、努力潜移默化成习惯，就会形成自律，幸运的女神就会在命运的某个转角处等着你——这其实是每个行业成功的底层逻辑。

　　潜心耕耘，花自盛开蝶自来。

　　要做一件与众不同的事，就需要与众不同的载体，于是就出现了本书看似奇奇怪怪的文字。

　　最后，回应一下开篇的第一个问题：越是碎片化阅读和刷屏流行的时候，生命越需要长文滋养。所以有可能时，读读长文，以丰盈人生。

　　好吧！感谢放下手机的阅读，相信会对你有益。

图书在版编目（CIP）数据

赢辩：金融犯罪案件辩护律师工作手记／张王宏著．
北京：中国法治出版社，2025.9. -- ISBN 978-7-5216-
5479-0

Ⅰ．D924.33

中国国家版本馆 CIP 数据核字第 2025CP9189 号

责任编辑　张　僚　　　　　　　　　　　　封面设计　李　宁

**赢辩：金融犯罪案件辩护律师工作手记**
YINGBIAN: JINRONG FANZUI ANJIAN BIANHU LÜSHI GONGZUO SHOUJI

著者／张王宏
经销／新华书店
印刷／三河市国英印务有限公司
开本／880 毫米 × 1230 毫米　32 开　　　　　印张／10.25　字数／294 千
版次／2025 年 9 月第 1 版　　　　　　　　　　2025 年 9 月第 1 次印刷

中国法治出版社出版
书号 ISBN 978-7-5216-5479-0　　　　　　　　　定价：46.00 元

北京市西城区西便门西里甲 16 号西便门办公区
邮政编码：100053　　　　　　　　　　　　传真：010-63141600
网址：**http://www.zgfzs.com**　　　　　　编辑部电话：**010-63141663**
**市场营销部电话：010-63141612**　　　　印务部电话：**010-63141606**

（如有印装质量问题，请与本社印务部联系。）